Gestão de Pessoas

André Luiz Fischer
Joel Souza Dutra
Wilson Aparecido Costa de Amorim
(Organizadores)

Gestão de Pessoas

Práticas Modernas e Transformação nas Organizações

Ademar Luiz Mendonça Júnior
André Luiz Fischer
Andrezza Cintra Camargo
Angela Simone Nicoleti Donadel
Arnaldo José França Mazzei Nogueira
Carolina Ferreira Ribeiro do Val
Cristiane das Dores Lacerda
Cristina Lucchese Piccolotto
Guilherme Rhinow
Helio Ricardo Fujita
Joel Souza Dutra
Leliane Tursi Penteado Silva
Lindolfo Galvão de Albuquerque
Monica Viveiros Correia
Patrícia Silva Granizo Rodrigues
Rita de Cássia Sá Barreto Caribé
Salvador F. Silva
Silmara Lourenço Brandão
Silvia Roseli Monego Weindler
Simone Aparecida Vassari
Simone Cristina Cleim Rabah
Sonia Leme Pedroso
Sueli Regina de Freitas Campos
Tania Casado
Vivian Neri Scartezini
Waldir Ronaldo Rodrigues

SÃO PAULO
EDITORA ATLAS S.A. – 2010

© 2009 by Editora Atlas S.A.

1. ed. 2010 (5 impressões)

Capa: Zenário A. de Oliveira
Composição: Formato Serviços de Editoração Ltda.

Dados Internacionais de Catalogação na Publicação (CIP)
(Câmara Brasileira do Livro, SP, Brasil)

Gestão de pessoas: práticas modernas e transformação nas organizações / [organizadores] Progep FIA, André Luiz Fischer, Joel Souza Dutra, Wilson Aparecido Costa de Amorim. - - São Paulo: Atlas, 2010.

Vários autores.
Bibliografia.
ISBN 978-85-224-5783-0

1. Administração de pessoal I. PROGEP FIA. II. Fischer, André Luiz. III. Dutra, Joel Souza. IV. Amorim, Wilson Aparecido Costa de.

09-12549   CDD-658.3

Índice para catálogo sistemático:

1. Gestão de pessoas : Administração de empresas   658.3

TODOS OS DIREITOS RESERVADOS – É proibida a reprodução total ou parcial, de qualquer forma ou por qualquer meio. A violação dos direitos de autor (Lei nº 9.610/98) é crime estabelecido pelo artigo 184 do Código Penal.

Depósito legal na Biblioteca Nacional conforme Lei nº 10.994, de 14 de dezembro de 2004.

Impresso no Brasil/*Printed in Brazil*

Editora Atlas S.A.
Rua Conselheiro Nébias, 1384 (Campos Elísios)
01203-904 São Paulo (SP)
Tel.: (011) 3357-9144
www.EditoraAtlas.com.br

Sumário

Apresentação, vii

1. Percepção de gestores quanto ao papel da área de recursos humanos na gestão de mudança organizacional (*Cristina Lucchese Piccolotto, Simone Aparecida Vassari, Joel Souza Dutra*), 1

2. A atuação de recursos humanos na gestão de mudanças organizacionais de larga escala (*Ademar Luiz Mendonça Júnior, Helio Ricardo Fujita, Silmara Lourenço Brandão, Guilherme Rhinow*), 20

3. Do transacional ao estratégico: a transformação de recursos humanos em busca de um novo papel organizacional (*Andrezza Cintra Camargo, Carolina Ferreira Ribeiro do Val, Rita de Cássia Sá Barreto Caribé, Joel Souza Dutra*), 42

4. Valor agregado da função de recursos humanos: um estudo de caso sob a ótica de dirigentes empresariais (*Vivian Neri Scartezini, Silvia Roseli Monego Weindler, Cristiane das Dores Lacerda, André Luiz Fischer*), 58

5. Utilizando o *Balanced Scorecard* para uma atuação estratégica de recursos humanos (*Leliane Tursi Penteado Silva, Monica Viveiros Correia, Lindolfo Galvão de Albuquerque*), 77

6. A contribuição da função de recursos humanos para o negócio: uma avaliação da possibilidade de mensuração (*Waldir Ronaldo Rodrigues, Sonia Leme Pedroso, Patricia Silva Granizo Rodrigues, André Luiz Fischer*), 100

7 **Gênero feminino e carreira nas organizações** (*Tania Casado, Angela Simone Nicoleti Donadel, Simone Cristina Cleim Rabah, Sueli Regina de Freitas Campos*), 120

8 **Relações de trabalho e a organização sindical do setor público: desafios para gestão de recursos humanos** (*Salvador F. Silva, Arnaldo José França Mazzei Nogueira*), 134

Apresentação

A iniciativa de editar uma coletânea a partir da produção de nossos alunos do MBA de recursos humanos gerou a oportunidade de abordarmos temas do dia a dia dos profissionais que atuam em gestão de pessoas. Esse é o caráter da seleção de textos que compõem este livro, com artigos retirados das monografias produzidas nos últimos dez anos pelos alunos de nosso curso.

Nossa expectativa é de que esta publicação estimule a reflexão sobre questões que vêm inquietando todos aqueles que se preocupam com a evolução da área e seus desafios. Analisam-se assim a participação de recursos humanos nos processos de transformação organizacional, os mecanismos de avaliação da área, sua contribuição para o negócio das empresas, a gestão de carreiras e das relações de trabalho.

O papel da área na mudança organizacional é analisado nos três primeiros capítulos por textos que partem de três diferentes perspectivas: quanto à percepção dos gestores, no que se refere às práticas de gestão adotadas, e quanto às transformações sofridas pela própria área de recursos humanos quando esta busca alcançar espaço político na gestão estratégica do negócio de uma organização.

Três outros capítulos abordam o segundo tema: a avaliação de resultados em gestão de pessoas, que está estreitamente vinculado ao primeiro. No Capítulo 4, os autores identificam a visão de dirigentes empresariais sobre a contribuição da função gestão de pessoas para o negócio. O Capítulo 5 discute o uso das técnicas do *Balanced ScoreCard* (BSC) para a construção de indicadores de sucesso em gestão de pessoas e, no Capítulo 6, comparam-se diferentes formas de avaliação, analisando-se o uso e a efetividade de cada uma delas.

O terceiro tema tem como propósito inspirar o debate sobre questões pouco exploradas pela literatura nacional de recursos humanos: gestão de carreiras e das relações de trabalho. No Capítulo 7, os autores analisam o componente gênero nas trajetórias de carreira em empresas brasileiras; no Capítulo 8, apresenta-se uma interessante abordagem sobre o posicionamento da área de recursos humanos na gestão das relações de trabalho em organizações públicas.

Nunca é demais repetir aquilo que já afirmamos: este livro é um projeto coletivo de professores, alunos e coordenadores do MBA de recursos humanos do qual muito nos orgulhamos. Ele representa a prova concreta dos propósitos do PROGEP-FIA, um projeto de ensino e pesquisa que se empenha por qualificar, diferenciar e criar referências junto à comunidade de recursos humanos no Brasil.

André Luiz Fischer
Joel Souza Dutra

1

Percepção de gestores quanto ao papel da área de recursos humanos na gestão de mudança organizacional

Cristina Lucchese Piccolotto
Simone Aparecida Vassari
Joel Souza Dutra

1.1 Introdução

Em um ambiente cada vez mais turbulento e competitivo, a adaptação contínua das organizações passou a ser uma questão de sobrevivência e a velocidade desse processo, a condição necessária para agregar um diferencial competitivo. A pressão pela transformação organizacional passa a ser uma constante na vida das organizações e não mais algo episódico. Nesse contexto, a gestão de pessoas efetuada pela organização deve estimular, oferecer suporte e preparar artífices das mudanças e deve gerar lideranças que inspirem e facilitem a transformação contínua.

Este capítulo tem como principal objetivo compreender e discutir a visão dos gestores das empresas pesquisadas quanto ao seu papel nos processos de transformação organizacional e quanto ao papel da área de recursos humanos nesse processo. Será destacada a importância da mudança de postura da área de recursos humanos de administradora de tarefas para uma articuladora da gestão de pessoas alinhada à estratégia do negócio.

1.2 Conceitos teóricos

Na construção da base teórica, foram analisadas abordagens sobre o papel dos líderes como transformadores de sua realidade, sobre os conceitos de cultura, mudança e transformação organizacional e sobre o papel da área de recursos humanos na empresa moderna.

Segundo Schein (1985), cultura e liderança são temas que representam duas faces da mesma moeda; estudar um deles é necessariamente estudar e entender o outro. O autor conceitua a cultura como a produção mais profunda, geralmente inconsciente, de um grupo de pessoas. A cultura é menos tangível e menos visível que outros aspectos dos grupos e permeia todo o funcionamento dos mesmos.

A cultura oferece estabilidade e integração aos grupos no que concerne aos seus relacionamentos com o ambiente interno e externo. Esses aspectos visam reduzir a ansiedade das pessoas em lidar com ambientes e situações instáveis, desorganizados e imprevisíveis. A cultura é, ainda, complexa, padronizada e tem neutralidade moral, pode ser formada de maneira espontânea ou de maneira formal. Neste último caso, um indivíduo cria um grupo e passa a ser o líder dele. Esses são os casos das organizações, cujo fundador exerce influência marcante no estabelecimento dos valores e crenças que caracterizarão a instituição (SCHEIN, 1985).

Fleury também apresenta uma definição de cultura organizacional. Para a autora,

> "a cultura é concebida como um conjunto de valores e pressupostos básicos expresso em elementos simbólicos, que em sua capacidade de ordenar, atribuir significações, construir a identidade organizacional, tanto agem como elemento de comunicação e consenso, como ocultam e instrumentalizam as relações de dominação" (FLEURY, 2004).

Percebe-se que Fleury (2004) acrescenta uma dimensão importante ao conceito de cultura: o poder. Para manter o foco deste capítulo, esse aspecto não será abordado em profundidade.

Toda cultura, seja ela organizacional ou não, é formada por níveis culturais, uns mais aparentes e outros mais profundos, que demandam um estudo acurado e cuidadoso para serem percebidos e compreendidos. O primeiro e mais aparente desses níveis é chamado por Schein (2004) de artefatos visíveis, compondo-se pelas estruturas e processos visíveis nas organizações e grupos. Esses artefatos visíveis são representados por aspectos como o ambiente físico, o *layout*, a arquitetura, a tecnologia, os produtos, os valores organizacionais, a missão e a visão, os padrões de comportamentos, os rituais existentes, a maneira de se vestir, enfim, todos os aspectos facilmente observados quando se analisa um grupo. Por outro lado, apesar de serem visíveis e de fácil observação, esses aspectos são de difícil interpretação. A análise desses artefatos deve ser cuidadosa e estar relacionada à percepção e ao entendimento dos demais níveis da cultura.

O segundo nível de uma cultura é chamado de crenças e valores. Para Schein (2004), esse nível é caracterizado pelas estratégias, metas e filosofias do grupo ou organização. Tais aspectos não são tão facilmente observáveis e necessitam de interação com as pessoas e documentos do grupo, para sua melhor compreensão e percepção. Esse nível é inicialmente proposto pelo fundador ou líder do grupo. Porém, apenas quando as crenças e valores destes se tornam válidos no grupo é que passam a constituir um nível cultural. Nesse aspecto, é necessário destacar a importância do papel dos líderes nos grupos, visto que são eles que iniciam (e muitas vezes definem) as características desse nível cultural.

Para Fleury, os valores e crenças

"geralmente representam apenas os valores manifestos da cultura. Isto é, eles expressam o que as pessoas reportam ser a razão de seu comportamento, o que na maioria das vezes são idealizações ou racionalizações. As razões subjacentes ao seu comportamento permanecem, entretanto, escondidas ou inconscientes" (FLEURY, 2004).

Assim, um terceiro nível da cultura se revela necessário para o entendimento amplo de cultura. Para Schein (2004), esse é o nível dos pressupostos básicos latentes, constituído pelas crenças, percepções, pensamentos e sentimentos inconscientes considerados "taken-for-granted, the ultimate source of values and actions" (SCHEIN, 2004).

Os pressupostos básicos são considerados estanques, livres de questionamentos ou confrontação. Dessa forma, mudar esses pressupostos é extremamente difícil, visto que implica alterar os aspectos inconscientes mais estáveis de um grupo ou organização. Para Schein (2004), todo processo de mudança só terá sucesso ao atuar nesse terceiro nível cultural, visto que é nesse nível que a real e efetiva mudança ocorre.

O papel da liderança nesse terceiro nível é fundamental. A partir da definição, às vezes, imposição de valores e crenças pelos líderes, a cultura pode oferecer estabilidade, significado e integração do ambiente interno e externo ao indivíduo e ao grupo. Uma vez que o grupo reconhece isso, formam-se os pressupostos básicos que são compartilhados e tornam-se inconscientes. Mudar esses pressupostos passa a ser motivo de ansiedade. É também papel do líder provocar e estimular a mudança, sempre que necessário. Schein (2004) destaca, inclusive, que a função primordial da liderança é fazer a gestão da cultura. Essa gestão implica definir os níveis culturais, gerenciá-los e mudá-los sempre que for necessário. Nesse sentido, do ponto de vista organizacional, o papel do líder é determinante na manutenção ou questionamento e mudança da cultura. O desafio da liderança é perceber se os aspectos culturais estão ou não garantindo o alinhamento estratégico e o sucesso organizacional. Essa análise definirá o tipo de gerenciamento e intervenção que se fará necessário por parte da liderança.

Por muito tempo (até a década de 1970), devido às características das realidades social, econômica e política, as organizações e seus líderes enfrentavam o chamado paradigma da estabilidade. Fischer destaca que

> "estabilidade [...] era sinônimo de perenidade, de permanência no tempo e no espaço. Isto é, as organizações – e nesse caso, principalmente, a grande corporação industrial [...] – deveriam ser administradas de forma a permanecer grandes e poderosas" (FISCHER, 2002).

De acordo com esse paradigma, os processos de mudança existem, porém, não devem abalar o equilíbrio e as estruturas organizacionais, devem ser controlados e ter pequena abrangência. As mudanças são vistas mais como melhorias, do que como rupturas. De acordo com esse paradigma, "mudanças de larga escala [...] são encaradas [...] como crises de alto risco, geradoras de conflitos inadministráveis" (FISCHER, 2002, p. 148). Nessa visão, os líderes organizacionais deveriam atuar para manter a estabilidade e o equilíbrio, tão necessários e valorizados para o sucesso dos negócios. Assim, aos líderes era solicitado e encorajado o controle, centralização de informações e de decisões. Quanto à gestão da mudança, o objetivo era mantê-la controlada, de modo a ter pequena abrangência e ser implementada em um prazo reduzido.

Porém, o ambiente externo começou a mudar a partir da década de 1970, com profundas alterações no âmbito social, econômico e político mundial. A estabilidade do ambiente começou a ficar profundamente abalada. Em consequência, as organizações foram afetadas por essas mudanças e passaram a lidar com um novo paradigma: o paradigma da transformação. Esse paradigma surge porque "as mudanças não eram simplesmente lineares e incrementais, mas abrangentes e transformadoras; [...] espraiavam-se por diferentes espaços, atingindo, simultaneamente, diversos processos; [...] tinham um caráter multidimensional" (FISCHER, 2002, p. 150).

Por sua vez, para atender ao paradigma da transformação, os gestores foram solicitados a modificar sua forma de atuação. Para o sucesso empresarial, os líderes deveriam passar a adotar posturas exatamente opostas às anteriores: descentralizar os processos decisórios, incentivar e ampliar a disseminação de informações, facilitar a gestão dos recursos disponíveis na empresa, integrar as diversas iniciativas de mudança que existem na empresa. Em resumo, o líder deveria gerir a mudança organizacional, considerando-a inerente à realidade empresarial. Sendo assim, configurou-se o paradigma da transformação, que tem como premissa que "a transformação organizacional é um dos *processos organizacionais* inerentes à dinâmica de funcionamento e às estratégias de ação definidas pela organização" (FISCHER, 2002, p. 154). Devido à importância estratégica que os processos de mudança adquirem a partir desse conceito, a gestão da transformação deve ser planejada, modelada e gerenciada por toda a organização.

É importante destacar, então, que a segunda premissa que sustenta o paradigma da transformação é que transformação e estratégia estão intimamente relacionadas. Para Fischer, "o direcionamento estratégico é a face visível do desempenho organizacional, como a organização quer ser vista e como ela é vista e avaliada nas relações estabelecidas com o ambiente externo" (FISCHER, 2002).

De acordo com Fischer, a relação entre transformação e estratégia pode ser ilustrada através de duas engrenagens, que interagem entre si e com o ambiente externo, onde o direcionamento e o foco estratégicos são exemplificados por uma das engrenagens do modelo. Essa engrenagem não tem força-motriz própria e precisa, portanto, do impulso de uma outra engrenagem para se movimentar: a competitividade interna, ou seja, a competitividade que é gerada de dentro para fora. Essa competitividade interna é a excelência de gestão, originária do funcionamento e interação de todos os elementos da configuração interna organizacional, integração interna, no conceito de Schein (2004), "a competitividade interna não é um indicador de concorrência entre os componentes do contexto interno, mas do grau de higidez, de condicionamento, de prontidão com que se apresentam no processo de gerir a organização" (FISCHER, 2002).

Vários desses componentes do contexto interno estão diretamente relacionados com a gestão de pessoas numa organização, tais como: modelo organizacional, instrumentos de gestão, comunicação, entre outros.

Destaca-se, aqui, o conceito de papéis estratégicos da área de recursos humanos. Segundo Ulrich (1998), os profissionais de recursos humanos precisam apoiar as organizações para enfrentar o desafio da competitividade. Deparando-se com esse desafio, a área deve estar preparada para assumir papéis estratégicos nas organizações. Esses papéis são complexos e exigem a administração e gerenciamento de paradoxos empresariais. Ulrich (1998) afirma que "os papéis assumidos pelos profissionais de recursos humanos, na realidade, são múltiplos, e não singulares". Eles devem desempenhar papéis operacionais e ao mesmo tempo estratégicos:

> "assumir a responsabilidade tanto por metas qualitativas quanto quantitativas no curto e no longo prazo. Para os profissionais de recursos humanos adicionarem valor a empresas cada vez mais complexas, precisam desempenhar papéis cada vez mais complexos e, às vezes, até mesmo paradoxais" (ULRICH, 1998).

A partir dessa premissa, Ulrich define quatro papéis para a área de recursos humanos. Esses papéis consideram dois aspectos ou eixos: *foco* e *atividade*.

O eixo referente ao *foco* tem como premissa o tempo, podendo ser de curto prazo, portanto, cotidiano e operacional ou de longo prazo, abrangendo o futuro e a estratégia. Em relação à *atividade*, entende-se, de um lado, a administração de *processos*, sistemas e ferramentas, e de outro, a administração de *pessoal*. A partir da intersecção entre esses eixos, Ulrich configura os quatro papéis da área de recursos humanos: "(1) administração de estratégias de recursos humanos; (2) administração de estratégias da infraestrutura da empresa; (3) administração da contribuição dos funcionários e (4) administração da transformação e da mudança" (ULRICH, 1998).

Para cada um desses papéis, Ulrich (1998) define os resultados esperados, as atividades executadas pelos profissionais de recursos humanos, assim como a metáfora com a qual o papel pode ser representado, conforme ilustra o Quadro 1.1.

Quadro 1.1 *Papéis da área de recursos humanos.*

Papel/função	Resultado	Metáfora	Atividade
Administração de estratégias de recursos humanos	Execução da estratégia	Parceiro estratégico	Ajuste das estratégias de recursos humanos à estratégia empresarial "diagnóstico organizacional"
Administração da infraestrutura da empresa	Construção de uma infraestrutura eficiente	Especialista administrativo	Reengenharia dos processos de organização: "serviços em comum"
Administração da contribuição dos funcionários	Aumento do envolvimento e capacidade dos funcionários	Defensor dos funcionários	Ouvir e responder aos funcionários: "prover recursos aos funcionários"
Administração da transformação e da mudança	Criação de uma organização renovada	Agente de mudança	Gerir a transformação e a mudança: "assegurar capacidade para a mudança"

Fonte: Ulrich (1998).

O papel de administração de estratégias de recursos humanos confere à área um espaço que agrega valor à organização, possibilitando que ela se torne um parceiro estratégico organizacional. Esse papel possibilita transformar as intenções estratégicas em ações organizacionais práticas, tendo como consequência a realização dos objetivos e metas da empresa. Para isso, os profissionais de recursos humanos precisam alinhar sua atuação e atividades às estratégias empresariais, ou seja, a realização da estratégia transforma-se em ações prioritárias de recursos humanos. A ferramenta de que a área de recursos humanos dispõe para esse alinhamento e priorização é, conforme Ulrich (1998), o diagnóstico organizacional. Esse instrumento possibilita a identificação de forças e fraquezas organizacionais frente às estratégias, apoiando a definição e implementação de planos de ação de recursos humanos estratégicos.

Porém, apesar de muitas vezes as pessoas e organizações admitirem a necessidade de mudanças nesses níveis, poucas são as que conseguem realizá-las efetivamente. O desafio do agente de mudanças é garantir que as pessoas e as organizações se engajem verdadeiramente ao processo de mudança, substituindo o medo e a resistência iniciais pelo entusiasmo e realização do processo. Além disso, conhecer e entender os motivos pelos quais a mudança pode ou não se realizar é importante para seu adequado gerenciamento, tanto para o profissional de recursos humanos, quanto para os líderes organizacionais.

Para complementar os conceitos, Ulrich (1998) classifica as mudanças em três categorias: mudanças de iniciativa, de processos e culturais:

> "Mudanças de iniciativa se concentram na implementação de novos programas, projetos ou procedimentos. Mudanças de processos em uma empresa concentram-se na maneira pela qual o trabalho é executado. Mudanças culturais ocorrem em uma empresa quando se reconceituam os métodos fundamentais de negociar" (ULRICH, 1998).

Além disso, cabe comentar também o conceito de Ulrich (1998) quanto às alternativas para gerar mudança de cultura. Para o autor, temos três tipos de mudança de cultura: de ordem, horizontal e *empowerment*. Segundo Ulrich, mudança de ordem é aquela que é definida e determinada pelos primeiros níveis de comando da organização, ou seja, que são determinadas de cima para baixo, patrocinadas pelos primeiros executivos das empresas, implementadas através de processos de recursos humanos e, assim, disseminadas por toda a organização. A mudança horizontal, por sua vez, está relacionada à reengenharia de processo. Nesse conceito, a mudança é ocasionada a partir da análise de como o trabalho é realizado, a partir da qual propostas de melhoria são elaboradas e implementadas, visando à otimização das operações, do fluxo de trabalho, entre outros. A partir da reformulação dos processos, surge a necessidade de mudanças culturais, de comportamentos e mentalidade, de modo a colocar em prática os novos processos adequadamente. Já a mudança por *empowerment* ocorre quando "a cultura desejada é rapidamente traduzida em ação do funcionário" (ULRICH, 1998, p. 224). Essas mudanças são caracterizadas por ouvir mais os funcionários, consistindo em "conjuntos integrados de atividades que delegam poder aos funcionários para agirem com base na nova cultura" (ULRICH, 1998).

1.3 Metodologia

A metodologia adotada neste capítulo foi a pesquisa qualitativa, realizada através de entrevistas com gestores e submetidas à análise de conteúdo. A análise de conteúdo "busca a essência da substância de um contexto nos detalhes perdidos no meio ou entre os dados disponíveis; descobrir nuanças nas entrelinhas e nas sutilezas mais subjetivas do objeto" (CARMO-NETO, 1992). Cabe destacar que a análise de conteúdo depende, em grande parte, da habilidade dos autores em realizá-la. Além disso, "a análise de conteúdo funciona como uma análise psicanalítica em que, nos traços do trabalho, parte representa o inconsciente individual não revelado, parte é o inconsciente coletivo cultural não percebido e parte a criação consciente, mas que desvenda exatamente o que o indivíduo mascara" (CARMO-NETO, 1992). A metodologia adotada contribui para uma análise consistente dos resultados das entrevistas com os gestores e oferece uma visão ampla em relação ao objetivo deste capítulo.

O trabalho de campo envolveu duas empresas: uma multinacional (Empresa A) do segmento químico e outra nacional (Empresa B) do segmento do mercado imobiliário. Foram entrevistados 11 gestores do terceiro nível de comando das empresas estudadas. A escolha dos gestores visou abranger um número significativo de áreas de cada empresa e gestores com diferentes tempos de casa, para que se pudesse entender de forma ampla a percepção dos mesmos.

A partir do referencial conceitual, foi elaborado um questionário-roteiro com oito questões e as entrevistas foram realizadas presencialmente. Inicialmente, foi realizada uma entrevista-piloto para adequação do questionário-roteiro. Os questionários foram enviados para os gestores com antecedência (por *e-mail*). As entrevistas foram agendadas; no início delas, as entrevistadoras explicaram os objetivos principais do trabalho, reforçaram que não existiam respostas certas nem erradas e que as informações seriam tratadas confidencialmente. Foi enfatizado que o objetivo do trabalho era apenas ouvir a percepção deles frente às questões solicitadas. Durante as entrevistas, não houve intervenção por parte das entrevistadoras, exceto quando era necessário esclarecer algum aspecto da resposta.

Para a elaboração do questionário-roteiro, foi feita uma análise prévia detalhada do que seria pesquisado em cada questão. Todas as questões foram alinhadas aos referenciais teóricos e disso resultou uma matriz para análise de conteúdo. As entrevistas foram transcritas e seu resultado foi trabalhado na matriz de análise, buscando-se evidências para cada um dos aspectos a serem analisados quanto a compreensão do processo de mudança vivido pelas empresas e quanto ao papel da área de recursos humanos.

1.4 Características das empresas pesquisadas

A Empresa A é uma empresa multinacional do ramo químico – segmento de tintas –, fundada na segunda metade do século XIX. A empresa está presente em vários países do mundo, nos diversos continentes, iniciando suas atividades no Brasil na década de 1940. O crescimento da Empresa A no Brasil e no mundo é marcado por aquisições de novas empresas de diferentes origens. Atualmente, a empresa possui duas plantas no Brasil, situadas no Estado de São Paulo. Além disso, a Empresa A tem lojas que comercializam seus produtos em vários Estados brasileiros. A empresa é certificada pela ISO 14001 e ISO 9001.

A Empresa A tem um Código de Princípios desde sua criação, o qual foi definido pelos seus fundadores. Esse código se mantém desde então, norteando a forma como a empresa se conduz e comporta em relação ao negócio, clientes, fornecedores e seus associados colaboradores. Seus princípios, portanto, continuam válidos e aplicáveis atualmente.

A missão da Empresa A é ser líder global nos segmentos em que atua, fornecendo produtos e serviços de qualidade que excedam as expectativas dos clientes. Os objetivos estratégicos são alcançados através de uma cultura de qualidade total, buscando a excelência em produtos, em marcas, na diversidade cultural, nos ativos e nas pessoas. A inovação tem sido o grande diferencial da empresa.

A Empresa A vive um processo de transformação com o objetivo de provocar e sustentar o crescimento do negócio. Esse processo implica mudanças culturais profundas na organização. As estratégias de negócio e de gestão de pessoas estão alinhadas à proposta de transformação organizacional. O início das transformações organizacionais é claramente percebido em 2003, com a chegada de um novo Presidente e com a proposta da retomada do crescimento. Na ocasião, a partir do entendimento da conjuntura organizacional, ficou evidente que o desafio de crescimento só seria atingido através do desenvolvimento das pessoas e do próprio negócio. As pessoas seriam capazes de implementar as mudanças necessárias nos negócios, tornando o crescimento viável? A resposta oferecida pela área de recursos humanos foi um programa de desenvolvimento organizacional para apoiar a Empresa A na realização e implementação de sua estratégia de negócios e de mudança.

A estratégia de gestão de pessoas na Empresa A está assentada em três pilares de gerenciamento integrado de Recursos Humanos: (1) desenvolvimento: através do qual fica legitimado o conceito de que o processo de desenvolvimento é de mão dupla, sendo essencial a disponibilidade da empresa e da pessoa para investirem em desenvolvimento; (2) competências: as competências organizacionais (essenciais) e funcionais constituem a base para o gerenciamento do negócio e alinhamento das pessoas ao mesmo; (3) administração estratégica de pessoas: a área de recursos humanos deve ter e fornecer informações sobre as pessoas para apoiar decisões estratégicas de carreira, remuneração, desenvolvimento, sucessão, entre outros, além de oferecer políticas e práticas de gerenciamento coerentes, que, ao estarem alinhadas ao negócio, o sustentam.

A Empresa B é constituída por um grupo de empresas que tem aproximadamente 2.200 funcionários, considerando São Paulo e Rio de Janeiro. A Empresa B foi constituída em 1962, pelo atual acionista controlador. Até 1981, atuava exclusivamente na atividade de incorporação de edifícios residenciais e de salas em edifícios comerciais e terceirizava a construção e venda dos projetos. Em 1981, passou a prestar serviços mais personalizados aos clientes exigentes e sofisticados, criando duas subsidiárias. A outra empresa do grupo foi constituída em 1994, sob a forma de empreendimento conjunto (*joint-venture*) entre o atual acionista controlador e uma empresa de capital estrangeiro, com o objetivo de atuar na construção e locação de lajes corporativas de alto padrão. A Empresa B foi pioneira no desenvolvimento de fundos de investimento imobiliário no Brasil.

A Empresa B tem mais de 40 anos de experiência na incorporação de imóveis residenciais. O foco atual volta-se à incorporação de edifícios residenciais de alto padrão em regiões nobres nas cidades de São Paulo e do Rio de Janeiro. As atividades envolvidas na incorporação dos edifícios residenciais são: (1) aquisição do terreno; (2) planejamento da incorporação; (3) obtenção de licenças, alvarás e aprovações governamentais necessárias; e (4) comercialização e venda de novos empreendimentos e início das obras. A Empresa B também incorpora e vende salas comerciais há mais de 40 anos.

Quanto ao processo de mudança em curso na Empresa B, é importante salientar alguns aspectos. O modelo de administração preponderante na Empresa B, desde 2004, vem sendo o do *comprometimento*, oficialmente iniciado com a criação de uma Diretoria de Recursos Humanos reportando-se à Presidência da Empresa B. No final de 2005, assumiu um novo Diretor, que atualizou e conseguiu conferir maior destaque à área de recursos humanos. Isso foi possível porque, além do foco na Gestão de Pessoas, a área de recursos humanos passou a ter uma atuação também estratégica na tomada de decisões. O ser humano passou a ser avaliado como pessoa e como um parceiro para o cumprimento dos objetivos organizacionais. Os administradores da Empresa B sabiam que o que a diferença no mercado eram os seus colaboradores, responsáveis por modificar, aperfeiçoar os processos e criar estratégias inovadoras de vendas, de administração e de processos. Isso pode ser comprovado pelo fato de a Empresa B ter uma empresa própria de vendas, responsável por 60% das vendas dos empreendimentos. Alinhado ao processo de mudança, desde 2004, há uma célula de recursos humanos focada nessa empresa de vendas, o que configura um diferencial de mercado.

1.5 A pesquisa e os resultados obtidos

A partir da análise das entrevistas, foi possível perceber importantes relações entre teoria e a prática organizacional. Os resultados são apresentados a seguir organizados nos seguintes tópicos: relação entre cultura e liderança, processo de transformação, papel da área de recursos humanos e possibilidades para aprimoramento da atuação da área de recursos humanos.

1.5.1 Liderança, cultura organizacional e mudança

Em relação aos conceitos de Cultura e Liderança de Schein (2004), foi possível constatar que a grande maioria dos entrevistados percebe os três níveis da cultura: nível dos artefatos visíveis, nível das crenças e valores e nível dos pressupostos básicos latentes. Vamos destacar como isso é evidenciado.

Os entrevistados percebem o nível dos artefatos visíveis através dos seguintes processos e estruturas: (1) ambiente físico: aumento do número de funcionários; (2) a estrutura organizacional: estruturação, adequação, ampliação e/ou criação de áreas e de estruturas internas; atuação em novas praças de negócio; (3) padrões de comportamento: formação, desenvolvimento e profissionalização das pessoas; novos procedimentos; atividades de governança corporativa; novos padrões de relacionamento (passando da amizade para relacionamentos profissionais); treinamentos e cursos para gerar novos conhecimentos; reconhecimento e busca de talentos internos e externos; valorização das pessoas engajadas no processo de mudança; processo de desenvolvimento organizacional, com mapeamento das competências necessárias ao negócio e atividades de *assessment*; atividades de responsabilidade social; novos padrões de recrutamento interno e externo; planejamento e organização; maior integração entre as áreas com o apoio da área de recursos humanos; programas de desenvolvimento gerencial; (4) novas tecnologias e processos: implantação de novos sistemas de tecnologia da informação, desenvolvimento de novos produtos, entre outros.

Quanto ao segundo nível de cultura definido por Schein (2004), as crenças e valores são percebidos pelos entrevistados através de: (1) estratégias de negócio: crescimento do negócio (volume de negócios, novos produtos, aquisições, estabelecimento de parcerias e sociedades etc.); abertura de capital; expansão geográfica nacional e internacional; atuação em novos segmentos; mudança cultural, nova estratégia de negociação financeira; (2) metas de negócio: estabelecimento de metas agressivas, visando sustentar o ritmo de crescimento acelerado; melhoria do desempenho organizacional; (3) filosofia de negócio: transmissão dos padrões culturais para os novos grupos que se agregam à organização; desenvolvimento de pessoas através do mapeamento e desenvolvimento das competências organizacionais; padrões de qualidade da empresa mais elevados; profissionalização da gestão empresarial.

O terceiro nível da cultura refere-se aos pressupostos básicos latentes (crenças, pensamentos, que são inconscientes). Esses pressupostos são percebidos como: (1) processo de mudança associado à perpetuação do negócio: há processo e programas de formação e desenvolvimento de líderes e novos líderes, assim como sucessores; (2) descentralização do poder; (3) associação entre cultura e liderança; (4) internacionalização da empresa; (5) modernização da gestão empresarial, migrando de uma empresa familiar ou de um ambiente de amizade para uma gestão profissional, moderna, arrojada, ágil, leve; (6) profissionalização das relações de negócio e de trabalho; (7) processo de mudança cultural visto como irreversível, contínuo e inerente ao crescimento organizacional, sendo que o comprometimento e o engajamento a esse processo são mandatórios.

Cabe destacar, também, que os tipos de mudança percebidos pelos entrevistados têm consonância com os tipos de mudança mencionados por Ulrich (1998). Como mudanças de iniciativa, os entrevistados destacam os novos procedimentos e projetos; como mudanças de processos, eles mencionam a implementação e utilização de novos sistemas de tecnologia de informação, atividades de governança corporativa que alteram as rotinas das áreas, a ênfase das empresas em identificarem talentos internos, entre outros. Mencionam também mudanças culturais que estão alterando, inclusive, "os métodos fundamentais de negociar" (ULRICH, 1998, p. 190-191). Isso pode ser exemplificado pelas novas aquisições, parcerias, sociedades, abertura de capital, nova estratégia de negociação financeira, entre outros.

Todos os entrevistados percebem, ainda, que as mudanças são caracterizadas como mudança de ordem (ULRICH, 1998). Ou seja, aquelas definidas como vindas "de cima para baixo" na organização. São, portanto, determinadas pelos primeiros níveis de liderança das empresas e "cascateadas" para todos os níveis organizacionais. Embora a decisão estratégica da mudança venha de "cima para baixo", os entrevistados percebem o processo de mudança como participativo e que possibilita e proporciona o desenvolvimento das pessoas.

Praticamente todos os entrevistados atribuem o papel de condução da mudança aos líderes. Há, também, a percepção de que o Presidente é o principal líder da mudança. Esse aspecto talvez tenha relação com a percepção dos gestores de que o tipo de mudança que ocorre é de ordem, ou seja, "vem de cima para baixo" (ULRICH, 1998). Os *stakeholders*, embora com menor frequência, também são percebidos por alguns entrevistados como líderes da mudança em ambas as empresas estudadas. É interessante também notar que a área de recursos humanos praticamente não é apontada como líder do processo de mudança, apenas um entrevistado manifestou essa opinião.

Na percepção dos entrevistados, a liderança do processo de mudança é exercida por meio de:

- uma comunicação clara sobre a visão de futuro;
- rapidez e velocidade da implementação das mudanças;
- centralização das decisões maiores e mais importantes no Presidente;
- conscientização do líder da necessidade da mudança comportamental;
- comunicação, postura e ações do Presidente, que clarificam e enfatizam para todos os objetivos estratégicos da organização;
- programas que reforçam os processos de mudança;
- monitoramento das atividades e ações do processo de mudança;
- comunicação, postura, atuação participativa;
- mobilização da organização feita pela área de recursos humanos.

Em resumo, a percepção dos entrevistados parece comprovar os conceitos de Schein de que cultura e liderança são "duas faces da mesma moeda" (SCHEIN, 1985, p. 1-2). Reforça também a concepção de que é o gestor quem gerencia a cultura, seja mantendo-a, reforçando-a, mudando-a ou monitorando-a.

Ao serem indagados sobre o seu próprio papel enquanto líderes e gestores na mudança organizacional, a percepção de todos é praticamente unânime: eles implementam, administram, impulsionam, mantêm e garantem o processo de mudança em suas áreas de atuação. Mudanças essas que devem estar sempre alinhadas à estratégia do negócio. Eles percebem que são a força-motriz para a mudança, movendo a engrenagem interna. Dessa forma, além de concordar com os conceitos de Schein (2004), indicam também perceber que são eles que impulsionam a organização em direção ao foco estratégico, garantindo que a engrenagem da competitividade interna tenha força própria para mover a engrenagem da competitividade externa (FISCHER, 2002).

Ao mesmo tempo, alguns termos usados pelos entrevistados parecem reforçar o pressuposto básico latente que mencionamos: o processo de mudança cultural é visto como irreversível, permanente e inerente ao crescimento organizacional, sendo que o comprometimento e engajamento a esse processo são mandatórios. Esse ponto é enfatizado pela maioria dos gestores, o que pode, ao mesmo tempo, revelar um medo latente da mudança. É interessante notar que esse medo parece não ser da mudança em si, mas sim de descobrir que eles mesmos não têm as competências adequadas ao novo *status quo* e aos aspectos culturais que a mudança almeja.

Caso isso se confirme, eles podem perder as posições e funções que ocupam nas empresas em que trabalham. Esse aspecto parece ser mais marcante em relatos de situações de mudança para uma administração profissional em substituição a outra que era familiar. Nesse caso, pode-se dizer que o medo é de não mais fazer parte "da família", de perder o lugar ocupado, de ser expulso, rejeitado ou até de perder a própria identidade. As consequências disso parecem ser de difícil aceitação. Ao que tudo indica, esse medo parece ser inconsciente, visto que, além de esse aspecto não ter sido verbalizado abertamente por nenhum dos entrevistados, eles relataram vários exemplos de atividades e oportunidades de desenvolvimento existentes em ambas as empresas, parecendo sentir-se incluídos como parte do grupo. Nesse sentido, pode-se observar que alguns entrevistados perceberam os aspectos que relacionam o processo de mudança à estrutura de poder, demonstrando um alinhamento com o conceito de cultura de Fleury (2004). Porém, como esse tema não é foco deste estudo, ele não será detalhado no presente capítulo.

1.5.2 Transformação organizacional

Todos os gestores entrevistados atribuem aos processos de mudança um caráter estratégico, sendo que a grande maioria relaciona-os a aspectos de competitividade interna e externa (FISCHER, 2002).

Em relação à engrenagem da competitividade externa (FISCHER, 2002), os entrevistados caracterizam como direcionamento e foco estratégico processos de mudança motivados para atender às demandas e exigências do mercado. Todos os entrevistados percebem que os processos de mudança estão alinhados à estratégia empresarial. Essas mudanças ocorrem devido à necessidade de crescimento das empresas estudadas, perpetuação dos negócios, busca da liderança de mercado, atingimento de metas e obtenção de melhores resultados, modernização da gestão empresarial para um padrão global, melhores índices de rentabilidade, tornando-se, consequentemente, organizações mais competitivas e lucrativas. Tendo como foco e direcionamento estratégico o crescimento, as empresas passam a querer atuar e serem vistas como empresas que estão mudando, crescendo, ampliando a atuação em segmentos diversificados, numa tentativa de solidificar uma imagem positiva no mercado. Para mover a engrenagem da competitividade externa, todos os entrevistados percebem que as atividades internas nas organizações devem ser alinhadas estrategicamente, contribuindo assim para o atingimento das metas de crescimento. São essas atividades que caracterizam a engrenagem da competitividade interna dessas organizações, como força-motriz da competitividade externa.

Do ponto de vista da gestão dos negócios, os entrevistados apontam mudanças de: (a) implementação de uma nova cultura, migrando para uma cultura profissional e administrativa; (b) mudança da estrutura organizacional; (c) novos negócios com novas estratégias de negociação financeira; (d) desenvolvimento de novos produtos; (e) foco em gestão e profissionalização de processos de negócio, com metas definidas local e corporativamente; (f) implementação de novos sistemas integrados de tecnologia da informação para gestão de negócios.

Quanto à gestão das pessoas, os entrevistados indicam mudanças de: (a) cultura através da profissionalização e desenvolvimento das pessoas, mapeamento de competências, incentivo e reforço a atitudes proativas e também, em alguns casos, desligamentos e substituições; (b) desenvolvimento e formação de líderes e sucessores; (c) identificação de novos talentos, através do aproveitamento interno e/ou contratação de novos profissionais; (d) integração entre áreas.

Dessa forma, a percepção dos entrevistados parece indicar que as empresas passam por transformações abrangentes, que, provocadas pelo ambiente externo (mercado), afetam internamente o funcionamento de todas as áreas de negócio. A engrenagem da competitividade interna parece buscar alinhamento e sinergia internos para atingir a excelência de gestão e, consequentemente, mover a engrenagem da competitividade externa em sintonia com o direcionamento estratégico das empresas. Esse movimento parece também estar alinhado às questões de sobrevivência e perenidade das organizações estudadas. O paradigma da transformação (FISCHER, 2002), mesmo que implicitamente, é assim revelado no depoimento dos gestores. Em ambas as empresas, os entrevistados revelam perceber que a mudança é um processo necessário para garantir competitividade e perenidade do negócio. Todos os entrevistados percebem que os processos de mudança são estratégicos. Cabe salientar que as empresas estão provocando e implementando processos de mudanças como fator de sobrevivência no mercado e que a percepção dos entrevistados remete ao mesmo fator: engajar-se à mudança parece ser fator de sobrevivência na empresa e de empregabilidade.

1.5.3 Os papéis estratégicos da área de recursos humanos

A percepção dos entrevistados quanto ao papel da área de recursos humanos no processo de mudança indica que os quatro papéis propostos por Ulrich (1998) estão presentes.

A grande maioria dos entrevistados indica que o papel da área de recursos humanos na administração da transformação e da mudança foi presente e atuante. De forma geral, os depoimentos revelam essa percepção ao descrever a área de recursos humanos como condutora e facilitadora da mudança, propondo-a e criando as condições objetivas para a sua realização, sendo sua força-motriz ao incutir a necessidade da mudança nas pessoas. Dessa forma, o papel da área de recursos humanos como agente de mudanças é visto como abrangente, ativo, participativo e vital para a implementação dos processos de mudança em curso.

O papel de administrador da estratégia de recursos humanos (parceiro estratégico) é também enfatizado pelos entrevistados. Para eles, a área de recursos humanos tem uma função muito mais abrangente e estratégica, visto que deve apoiar a visão de futuro da empresa. Os entrevistados afirmaram que a área de recursos humanos deve entender os negócios da empresa agora e no futuro, definir o perfil do profissional requerido nesse futuro e participar das decisões estratégicas. Deve, ainda, ter um papel proativo, apoiar a perpetuação da empresa através do crescimento constante e sustentável, visando ao alinhamento com o mercado.

Alguns entrevistados também destacam que a área de recursos humanos deve administrar a contribuição dos funcionários. Eles mencionam que esse papel é exercido através da comunicação transparente e envolvimento dos colaboradores, do desenvolvimento das competências, identificação e valorização de talentos internos, foco na satisfação dos funcionários comprometidos com os resultados, entre outros.

O papel da área de recursos humanos na administração da infraestrutura da empresa frente ao processo de mudança é percebido por apenas um entrevistado. O papel de especialista administrativo é destacado pela elaboração de políticas de gestão de pessoas. Como essa percepção é demonstrada por um gestor da própria área de recursos humanos, talvez possamos considerar que esse papel esteja alinhado às suas próprias rotinas de trabalho e, por isso, não é a principal percepção dos demais gestores.

Após a análise das entrevistas em relação aos papéis da área de recursos humanos, verificamos que ela é vista como agente de mudança e parceira estratégica apenas por parte dos entrevistados. Os entrevistados se percebem como responsáveis pela gestão dos processos de mudança, o que os coloca também como agentes desses processos.

1.5.4 Aprimoramento do papel da área de recursos humanos

Solicitou-se aos entrevistados indicarem como a área de recursos humanos poderia aprimorar sua contribuição nos processos de mudança das empresas. De modo geral, a percepção dos gestores evidenciou nas duas empresas que eles valorizam e conferem credibilidade profissional à área de recursos humanos. Ao mesmo tempo, os gestores também percebem oportunidades de melhoria da contribuição da área aos processos de mudanças.

O papel de agente de mudança (ULRICH, 1998) é percebido por eles como aquele com maiores oportunidades de aprimoramento. Provavelmente, isso ocorre pelo fato de esse papel ser muito requisitado nas duas empresas no momento atual de crescimento e mudança, pelo qual ambas estão passando. O papel de parceiro estratégico também é destacado como foco de melhoria. Algumas das sugestões para a área de recursos humanos quanto a esses papéis são:

- apoiar e sustentar o processo de mudança;
- oferecer a energia necessária para impulsionar a mudança;
- ser mais participativo;
- interagir com as áreas e garantir a interação entre as mesmas;
- apoiar a organização na sustentação e monitoramento da mudança;
- estar atento às fragilidades do processo;
- entender e envolver-se com a estratégia de negócios da empresa;
- conhecer as áreas de negócio com mais profundidade para apoiá-las no processo de mudança;
- dar exemplo e ser rápido na implementação da mudança;
- adequar a própria estrutura organizacional para apoiar os processos de mudanças;
- implementar mudanças na própria área de recursos humanos;
- oferecer ferramentas de gestão para os gestores exercerem a liderança do processo de mudança.

Os entrevistados sugerem, também, melhorias no papel de defensor dos funcionários, através do oferecimento de oportunidades de desenvolvimento, ferramentas de gestão para a mudança, comunicação com os colaboradores e monitoramento do clima organizacional. Apenas um entrevistado sugere melhorias no papel de especialista administrativo, sugerindo à área a elaboração de políticas de recursos humanos que ajudem a sustentar e apoiar o processo de mudança.

1.6 Considerações finais

Ressaltam-se aqui os principais resultados obtidos da análise das entrevistas frente ao referencial teórico. Um aspecto verbalizado pelos entrevistados é o engajamento ao processo de mudança como um fator de sobrevivência na empresa e da própria empregabilidade. Ao mesmo tempo, entretanto, há o medo da mudança, percebido na postura e nas entrelinhas das respostas obtidas.

Os entrevistados demonstraram compreensão dos aspectos mais profundos dos processos de mudança e da sua importância para a sua efetivação. Essa é uma revelação importante, pois normalmente, em processos de transformação organizacional, aparecem no cotidiano do relacionamento com os gestores os aspectos mais visíveis, mas em uma análise mais atenta podemos verificar a influência das mudanças na vida das pessoas e o quanto estão alertas para as questões não visíveis e menos tangíveis. É importante nesses processos o cuidado com a consistência e coerência entre as propostas e as ações de transformação, garantindo, desse modo, a compreensão e adesão por parte das lideranças e das demais pessoas para as propostas de mudança. Esses cuidados permitem aos gestores assumirem um papel preponderante como disseminadores, conforme foi possível verificar neste trabalho, onde os entrevistados percebem que são eles próprios que gerenciam o processo de mudança e, consequentemente, a cultura empresarial; sentem-se como atores nesse processo.

Os entrevistados percebem um alinhamento estratégico do processo de mudança: ele está presente e está inserido na estratégia organizacional das empresas estudadas. As mudanças são vistas pelos gestores como vitais para garantir o crescimento e perenidade do negócio. Dessa forma, as atividades implementadas nas organizações estão alinhadas estrategicamente, apoiam as metas de crescimento, envolvendo gestão das pessoas e do negócio.

Como resultado das questões sobre o papel da área de recursos humanos, revelou-se um alinhamento entre os papéis de agente de mudança e parceiro estratégico. Em outras palavras, os dois estão intimamente ligados, não podendo ser analisados separadamente para pensar em um sem pensar no outro. Esse é um ponto importante para a reflexão sobre a importância e legitimidade da área: não é possível pensar em participar da discussão estratégica sem assumir um papel fundamental como agente de transformação da realidade organizacional.

Ao se analisarem as oportunidades de aprimoramento da contribuição da área de recursos humanos nos processos de mudança, foi fornecido um significativo *feedback* para a atuação da área nas duas empresas e também para os profissionais da área de modo geral. Cabe destacar que uma melhoria apontada foi incrementar a comunicação interna, reforçando e significando o processo de mudança em relação às demandas de mercado e perenidade do negócio para todos os colaboradores. Incluir definitivamente processos de comunicação eficazes e eficientes no gerenciamento de mudanças pode agilizar a implementação desses processos. Uma recomendação importante que se pode fazer é clarificar e intensificar a comunicação dos processos de mudança em todos os níveis, principalmente nos níveis de liderança, visto que os líderes são os principais agentes de mudanças organizacionais e podem mais facilmente repassar as informações para suas respectivas equipes. Fica, então, como sugestão que os processos de comunicação sejam vistos como um necessário investimento (e não como uma despesa) para garantir que a estratégia de negócio se torne realidade.

O processo de mudança é irreversível e necessário ao sucesso e perenidade do negócio, porém desconfortável, visto que questiona e modifica o *status quo,* a atual cultura empresarial. Se a área de recursos humanos tem como um de seus papéis apoiar a organização a enfrentar esse desafio, e se os gestores também têm como um de seus papéis gerenciar o processo de mudança e a cultura organizacional, vale voltar ao conceito de Schein (2004) e questionar: como a área de recursos humanos e os gestores **juntos** podem utilizar o conceito de que *cultura e liderança são duas faces da mesma moeda* para otimizar o gerenciamento de processos de mudança nas organizações? Com certeza, a resposta a essa pergunta merece um novo e detalhado estudo acadêmico. Fica aqui o convite para os leitores deste capítulo.

Referências

CARMO-NETO, Dionísio. *Metodologia científica para iniciantes*. 18. ed. Salvador: Editora Universitária Americana, 1992.

FLEURY, Afonso; FLEURY, Maria Tereza Leme. *Estratégias empresariais e formação de competências*. 3. ed. São Paulo: Atlas, 2004.

FLEURY, Maria Tereza Leme; FISCHER, Rosa Maria (Coord.). *Cultura e poder nas organizações*. 2. ed. São Paulo: Atlas, 1996.

FISCHER, Rosa Maria. Mudança e transformação organizacional. In: FLEURY, Maria Tereza L. (Coord.). *As pessoas na organização*. São Paulo: Gente, 2002, p. 147-164.

SCHEIN, Edgar. *Organizational culture and leadership*. San Francisco/Califórnia: Jossey, 1985.

_____. *Organizational culture and leadership*. 3. ed. San Francisco/Califórnia: Jossey-Bass, 2004.

ULRICH, Dave. *Os campeões de recursos humanos*: inovando para obter os melhores resultados. São Paulo: Futura, 1998.

2

A atuação de recursos humanos na gestão de mudanças organizacionais de larga escala

Ademar Luiz Mendonça Júnior
Helio Ricardo Fujita
Silmara Lourenço Brandão
Guilherme Rhinow

2.1 Introdução

O contexto empresarial atual impõe às empresas a constante revisão de seus modelos de gestão, estruturas organizacionais e outros aspectos cujos impactos recaem sobre sua essência, atingindo elementos basilares de sua constituição. Diante dessa realidade, a gestão da mudança deixa de ser um tema de estudo acadêmico e passa a ser uma competência indispensável para as organizações e seus executivos. Por essa razão, cabe aos profissionais de recursos humanos prepararem-se para esta nova realidade e assumirem novos papéis na administração das empresas.

O papel dos profissionais de recursos humanos, voltado para a gestão estratégica de mudanças organizacionais, é o foco principal deste capítulo. Ele objetiva identificar metodologias e conceitos necessários para o desenvolvimento de um arcabouço lógico que sustente a reflexão sobre este tema na busca de soluções práticas e eficazes para aplicação nas organizações. Para tanto, o trabalho constrói um referencial teórico sobre a evolução do papel de recursos humanos, da mudança organizacional e da cultura nas organizações.

Esse referencial teórico é utilizado para analisar o caso de uma empresa européia tradicional, com atuação global, que está passando por um processo de mudança organizacional de larga escala, concebida na sua Matriz, e que está sendo aplicada nas suas subsidiárias nesta região. Essa análise possibilita a verificação da dificuldade desta empresa na implantação da mudança, considerando aspectos da organização e da cultura dos países envolvidos, bem como a adaptação dos papéis da área de recursos humanos face aos novos desafios impostos.

Os resultados da pesquisa revelam importantes insumos da área de recursos humanos nas organizações e da sua atuação estratégica na gestão de mudanças. Além disso, os mesmos fornecem elementos para a elaboração de ações práticas e de aplicabilidade imediata na empresa estudada assim como em outras, contribuindo para a evolução do referencial teórico de gestão organizacional.

2.2 Referencial teórico

A partir da década de 1970, profundas alterações de natureza social, econômica e política começaram a afetar o mundo dos negócios, pressionando as organizações empresariais a reverem seus modelos de gestão e, portanto, os paradigmas que lhes davam sustentação. Daí em diante, o conceito de mudança – como conceito tópico e pontual, gerenciado no âmbito de um projeto específico e restrito – começou a se mostrar insuficiente para dar conta de uma realidade muito mais complexa e multidimensionada (FISCHER, 2002). Segundo a autora, o paradigma da estabilidade cede espaço ao paradigma da transformação organizacional. Foi um momento em que a teoria precisou ampliar seu espectro e aprofundar sua abordagem porque as organizações, principalmente as empresas, estavam vivenciando processos nos quais as mudanças não eram simplesmente lineares e incrementais, mas abrangentes e transformadoras. Essas mudanças não afetavam apenas algumas áreas organizacionais, mas espalhavam-se por diferentes áreas, atingindo, simultaneamente, diversos processos. As mudanças não estavam focadas em um elemento da organização, mas tinham um caráter multidimensional.

Impressionados com a amplitude desses processos, alguns autores dos anos 1970 e 1980 lançaram o conceito de "mudanças de larga escala", definindo-as como "uma transformação durável no caráter organizacional que altera significativamente a performance da organização" (LAWLER III, 1989). Sendo de larga escala, abrangente, profunda e multidimensional, a mudança tem de ser conceituada, concebida e gerenciada como um processo de transformação contínua.

Na década de 1990, com o surgimento da globalização e da definição de um novo contexto econômico associado aos avanços tecnológicos dos meios de comunicação, a mudança assumiu em definitivo este papel, ou seja, de um processo de transformação contínua.

Diante deste novo contexto, em que as mudanças do ambiente externo das organizações ocorrem com grande velocidade, sem observarem fronteiras geográficas ou fusos horários, a gestão da mudança torna-se indispensável para que as empresas atinjam seus desafios estratégicos com sucesso. Nesse panorama, a área de recursos humanos deve estar preparada para assumir papéis até então pouco usuais em seu portfólio: o de parceiro estratégico e o de agente de mudança.

Segundo Ulrich (1998), a essência do verdadeiro profissional de recursos humanos não é somente migrar do papel operacional para o papel estratégico. O setor de recursos humanos possui quatro papéis genéricos: execução da estratégia, eficiência administrativa, dedicação profissional e administração da transformação e da mudança. Destes, até os dias de hoje, poucos são os profissionais desta área que vão além da vivência nos papéis de eficiência administrativa e dedicação profissional (defensor dos funcionários). Possibilitar esta transição da área de recursos humanos e direcioná-la para a obtenção de importante valor agregado para o resultado do processo de mudança das organizações torna-se um tema bastante relevante para a realidade atual.

Mudanças organizacionais em um mundo globalizado têm sido um tema recorrente para uma série de estudos acadêmicos e de publicações literárias. Todavia, poucas são as análises sobre o papel dos profissionais de recursos humanos nestes processos de mudança de larga escala. Este capítulo busca ampliar a reflexão sobre este assunto através de uma análise do caso de uma empresa globalizada que passou por uma transformação no seu modelo de gestão.

2.3 Referencial metodológico

Para estudar como a área de recursos humanos pode criar valor e produzir resultados em ambientes de mudanças organizacionais de larga escala, torna-se necessário que a empresa escolhida para o estudo de caso esteja implementando um processo de mudança organizacional desta natureza, através de contextos culturais diferentes. O grupo empresarial escolhido para atender este objetivo estava passando por um processo de mudança de larga escala concebido em sua Matriz europeia por ocasião da realização deste trabalho. Essa mudança consistia na alteração mundial de sua estrutura organizacional, alterando os papéis dos principais executivos nas regiões onde ela estava instalada, com a centralização das diretrizes e ações das principais competências na Matriz.

O âmbito em que se realizou este estudo de caso contemplou os efeitos da mudança organizacional de larga escala idealizado na Europa, assim como em suas subsidiárias na região do Mercosul.

Diante deste contexto, os objetivos projetados para a pesquisa empírica foram os seguintes:

- verificar o papel da área de recursos humanos – Mercosul no processo de mudança em curso;
- verificar o impacto da área de recursos humanos – Europa neste processo, em função do papel central na definição de políticas para a gestão de pessoas que exercia no Grupo, no bojo desta mudança organizacional de larga escala; e
- identificar a visão dos profissionais do Mercosul sobre os papéis que desempenham, em contraste com a visão de seus "clientes", ou seja, os gerentes de linha.

Em decorrência da natureza dos objetivos propostos para este capítulo, optou-se pela utilização da seguinte abordagem metodológica:

- levantamento do histórico da empresa nos últimos dez anos, face ao largo processo de mudanças que a mesma vinha empreendendo durante este período; e
- identificação do impacto que estas mudanças acarretam ao funcionamento das operações no Mercosul, especialmente em relação ao papel dos responsáveis de recursos humanos como agentes da mudança.

2.4 Resultados da pesquisa empírica: caracterização da empresa

O foco deste capítulo é uma empresa europeia fundada há mais de 100 anos, tendo atualmente suas atividades distribuídas nos setores químico, plástico e farmacêutico, com estabelecimentos em mais de 50 países, organizada em quatro regiões geográficas e com um efetivo superior a 30 mil empregados.

Desde sua origem, por força de sua linha de produtos, a centralização organizacional se impôs, não pela via administrativa, mas, principalmente, pela via técnica. Suas fábricas foram construídas próximas de suas fontes de matéria-prima por toda a Europa e o controle produtivo era indispensável para a obtenção de produtos idênticos a custos controlados.

Inicialmente, o objetivo principal da organização era suplantar a produção do líder de mercado de um determinado produto químico, com preços significativamente mais baixos. O concorrente era pioneiro em um dos processos produtivos. A ideia era utilizar um processo próprio, principalmente porque este novo processo de produção já havia sido tentado, sem muito sucesso, por outros concorrentes. Como decorrência, no nascedouro da organização, a formação de seus funcionários era basicamente em engenharia química.

No momento atual, o Grupo continua com seu forte propósito de fabricar produtos químicos que desempenhem papel decisivo nos processos industriais de seus clientes, aperfeiçoando seus produtos finais. No setor Plásticos, sua abrangência possibilita as mais variadas aplicações – dos canos que interligam as redes de água e esgoto das grandes cidades aos brinquedos das crianças. No setor Farmacêutico, sua visão é a de oferecer ao ser humano soluções baseadas nas últimas descobertas científicas.

Como todo grande grupo multinacional, com o advento da globalização e a existência de uma grande gama de produtos considerados *commodities*, ele precisa, através de programas de inovação, ter uma carteira composta com, no mínimo, 25% de seu faturamento bruto proveniente de mercados, produtos e aplicações desenvolvidas nos últimos cinco anos – um de seus objetivos já fixado para os próximos três anos.

Esta visão é justificada em razão de 85% de seu faturamento mundial ser proveniente de produtos dentre os quais o Grupo figura há vários anos entre os maiores produtores mundiais.

Em termos de competitividade duradoura, outra de suas metas é a redução de, no mínimo, 20% em suas despesas de funcionamento em todo o mundo nos próximos três anos.

2.4.1 Evolução da sua estrutura organizacional

A partir dos anos 1960, o Grupo passou a sofrer suas principais mudanças organizacionais. Até bem pouco tempo, esta organização era conhecida em sua Matriz como um Ministério, tamanha era a centralização de sua administração, tanto técnica como comercial. A organização era basicamente "piramidal", com forte presença da Matriz nos aspectos funcionais, técnicos e administrativos em todo o Grupo.

Nos anos 1970, o Grupo introduziu funções centrais com a descentralização de algumas operações técnicas e administrativas.

No início dos anos 1980, teve início o processo de delegação e, com o auxílio dos sistemas de informação, houve a introdução de "centros de serviço". O objetivo desses "centros de serviço" era a centralização de atividades e serviços comuns que pudessem ser compartilhados entre as diversas unidades fabris, tais como: manutenção, engenharia, serviços administrativos etc., com a finalidade de padronização e redução de custos.

No final dos anos 1980, iniciaram-se as experiências com as "Unidades de Negócio" nos setores farmacêutico e plástico, criando-se estruturas distintas para cada família de produto de cada setor. Até então, havia uma única estrutura que atendia cada setor de atividade, não havendo distinção por produto. Nessa ocasião, houve um sentido contrário ao ocorrido no início dos anos 1980, com a criação dos "Centros de Serviço", uma vez que cada "Unidade de Negócio" desejava ter seu serviço ou atividade própria com foco em seu respectivo produto. Apesar disso, manteve-se inalterada a estrutura dos "Centros de Serviço", que continuaram sendo compartilhados não mais pelos setores, mas pelas "Unidades de Negócio".

No início dos anos 1990, foi expandida a estrutura de "Unidades de Negócio" para todos os setores de atividade do grupo. Além disso, essa estrutura atingiu seu ponto de maturidade com a efetiva integração entre as áreas de P&D, produção, marketing e vendas dentro de cada "Unidade de Negócio" sob a administração do responsável por família de produto. Todavia, as competências-chave permaneceram centralizadas sob a denominação de "atividades corporativas". Essas "atividades corporativas" estavam no nível estratégico da organização e coexistiam com os "Centros de Serviço". Estes, atuando nos níveis tático e/ou operacional, encarregavam-se de desdobrar as diretrizes emanadas pelas "atividades corporativas".

No início deste século, o Grupo avançou na consolidação de um novo modelo de gestão, explicado a seguir, impulsionado pela maturidade que atingiu o Mercado Comum Europeu, berço e principal palco de suas atividades (mais de 60% de seu faturamento anual). Com mais de 90% de seu pessoal dentro das "Unidades de Negócio", a organização abandonou definitivamente a noção de "atividades corporativas", colocando em seu lugar os conceitos de "Centro de Competência" e de "Centro de Suporte aos Negócios".

Os "Centros de Competência", diferentemente das "atividades corporativas", que eram segregadas por região geográfica, passaram a ser sediados na Matriz e atingiram globalmente todas as unidades. Os responsáveis por estes passaram a ter autoridade funcional e operacional por suas respectivas áreas de atuação em todo o mundo. Anteriormente, a autoridade operacional era exercida pelo executivo responsável pela região geográfica ou competência-chave. Com essa formatação dos "Centros de Competência", o responsável pela região geográfica passou a ter um papel consultivo, e não mais decisivo, nas áreas de cada "Centro de Competência". Além disso, a atuação destes centros passou a ter foco estritamente estratégico.

Os "Centros de Suporte aos Negócios" têm atuação bastante similar à dos "centros de serviço", uma vez que sua atuação é estritamente operacional, com o objetivo de compartilhar serviços para redução de custos e otimização de processos.

Esses "Centros de Suporte", além de apoiarem os "Centros de Competência" fora de seu perímetro, centralizam uma série de serviços que podem ser compartilhados seja em nível mundial, regional, nacional ou local, desde que não abrangidos pelos "Centros de Competência". Como exemplo de uma atividade aqui inserida, temos as rotinas de administração de pessoal, tais como: recrutamento e seleção, gestão da folha de pagamento, gestão de benefícios etc.

O órgão executivo máximo do Grupo é o "Diretório Executivo", o qual responde diretamente ao Conselho de Administração. Ele tem como principais funções decidir as políticas do grupo, aprovar as estratégias das unidades, propor a estratégia do Grupo ao Conselho de Administração e decidir a alocação dos recursos da organização.

2.4.2 A cultura da empresa e o novo modelo organizacional

Nestes últimos 15 anos, o Grupo passou por uma transformação cultural muito maior do que aquela resultante da Segunda Guerra Mundial, quando um grande número de unidades produtivas foi confiscado pelos países do bloco da Europa Oriental. Unidades fundadoras do Grupo foram fechadas, bem como uma série de atividades ligadas ao seu nascimento foi vendida para outros Grupos. Novos mercados foram abertos, com aquisições e fusões, nas quais, contrariando seu passado, o Grupo não era mais necessariamente majoritário ou detinha a administração técnica ou administrativa como até então.

Para um Grupo que, durante a maior parte de sua existência, teve uma estabilidade quase que total de seu quadro de empregados e em suas relações, as entradas e, principalmente, as saídas de funcionários vêm alterar profundamente as bases ditas "familiares" de sua organização. Ademais, o novo modelo deverá provocar profundas modificações na estrutura de funcionamento e quanto ao número de funcionários, notadamente no continente europeu, que, até então, pouco sofreu com as modificações ocorridas a partir do final dos anos 1980 no resto do mundo.

Aliás, é nesse aspecto que as últimas modificações provocam o seu maior impacto, já que o movimento de descentralização, iniciado nos anos 1990, passa agora a ser de centralização. Até então, a responsabilidade pela área de recursos humanos era de um diretor central mundial e dos diretores de recursos humanos nacionais ou regionais, subordinados funcionalmente a este. A partir dessa centralização, surgem organizações de recursos humanos por setor de atividade (químico, plástico e farmacêutico) que, em conjunto com os responsáveis pelos "Centros de Competência" relacionados à área de recursos humanos, ditam as políticas dessa área para o Grupo. Além disso, essas organizações passam a conviver com os responsáveis de recursos humanos dos países ou regiões.

As direções nacionais são extintas e as direções regionais deixam seu papel operacional para se ocuparem em alimentar o Diretório Executivo sobre as tendências locais e regionais que possam afetar a estratégia do Grupo, além de assessorar as empresas do Grupo na região, em suas necessidades mercadológicas e locais para com órgãos de governo, ministério público, sindicatos de empregados e representações setoriais, sindicatos patronais etc.

2.4.3 A área de recursos humanos da empresa

Como área ligada à administração do Grupo, o recursos humanos foi comandado geralmente por executivos originários das atividades fabris ou de processos, sem qualquer especialização na área de recursos humanos. Assim, não se identifica uma preocupação pelas melhores práticas de recursos humanos e/ou pela busca do melhoramento contínuo e custos decrescentes, bem como não há sensibilidade para as preocupações e necessidades cotidianas dos empregados.

Essa posição se confirma pela ausência de planos de sucessão ou administração de salários formais para o Grupo até o início dos anos 1990 e de uma pesquisa de clima interno até o ano 2000, quando foi realizada a primeira em nível mundial. Mesmo os indispensáveis programas de expatriação eram, em sua maioria, da Matriz para suas unidades, filiais e subsidiárias, geralmente em postos de comando para as áreas fabris, financeiras e de gestão geral dos negócios locais. Poucos eram os profissionais que tinham um programa abrangente e de desenvolvimento aberto para todas as atividades do Grupo, em qualquer uma de suas localidades. Mesmo os profissionais pertencentes às Direções Regionais ou Nacionais, inclusive os profissionais de recursos humanos, não tinham uma ascensão direta junto às áreas de recursos humanos existentes nas empresas pertencentes à região ou país.

Todas as políticas e normas do Grupo, emanadas pela Matriz, precisavam ser negociadas e consensadas entre as direções regionais e as unidades locais. Caso uma dessas unidades fosse uma *joint venture* sem participação majoritária do Grupo, a negociação era ainda mais árdua e os assuntos eram ainda mais difíceis de serem aceitos ou observados. Até hoje, em função do peso do setor de atividade ou da dimensão de uma *joint venture*, podem-se encontrar políticas diferenciadas sobre um mesmo assunto entre as empresas da região no Mercosul. Esse fato foi comprovado na primeira pesquisa de clima de 2000, segundo a qual a coerência na aplicação de normas e procedimentos internos obteve somente 36% de favorabilidade entre os entrevistados na região.

2.4.4 Resultados da pesquisa aplicada na empresa

O levantamento de dados junto ao diretor de recursos humanos para o Mercosul do Grupo empresarial estudado e aos profissionais de recursos humanos e clientes (gestores) dessa área nas diversas unidades do grupo no Mercosul e Europa foi realizado utilizando-se técnicas de análise documental e pesquisa mediante aplicação de questionários.

Os resultados do levantamento, através de cada uma dessas técnicas, apresentam-se na sequência.

2.4.5 A pesquisa – análise documental

A análise documental apresenta significativa relevância, visto que possui caráter objetivo e independente da percepção ou da opinião do diretor de recursos humanos, dos profissionais da área ou de seus clientes. Os documentos buscados nesta etapa do levantamento de dados foram os seguintes:

- normas e procedimentos da área de recursos humanos vigentes e aqueles preparados pelos Centros de Competência que os substituirão ou farão que sejam modificados;
- documentos de divulgação interna mundial para os altos executivos da empresa contendo informações sobre as diretrizes estratégicas, estrutura organizacional e processos de trabalho, os quais disponibilizam informações detalhadas sobre o novo funcionamento da organização por meio da implantação dos Centros de Competência e dos Centros de Suporte ao Negócio;
- resultados e planos de ação das últimas pesquisas de clima realizadas no Mercosul, nos anos de 2000 e 2003;
- livros e publicações contendo o referencial histórico da organização; e
- dados sobre a área de recursos humanos no Mercosul, tais como quantidade de profissionais, estrutura organizacional da área e escopo das atividades de acordo com a estrutura.

A partir das normas e procedimentos analisados, foram extraídos dados para a análise do grau de delegação das decisões após a implantação dos centros de competência, bem como do grau de aplicabilidade imediata das normas emanadas pela Matriz na região do Mercosul.

Foram realizadas reuniões com o profissional de recursos humanos responsável pelo Mercosul para obtenção dos documentos mencionados anteriormente e a fim de facilitar a análise documental sem, entretanto, prejudicar o seu caráter objetivo. Junto a esse profissional, foi identificada a nova estrutura do Grupo, quais as mudanças que estão sendo implantadas e quais os objetivos de tais mudanças. Além disso, foram levantadas algumas características da evolução do Grupo no Brasil e, posteriormente, no Mercosul, bem como características de sua participação nos mercados em que atua.

Outro conjunto de informações relevante está relacionado à estrutura da área de recursos humanos, bem como às características dos profissionais desta área, o que possibilitou uma melhor análise dos resultados obtidos com a aplicação da pesquisa de campo. Outros dados importantes foram: os resultados das pesquisas de clima aplicadas nos anos de 2000 e 2003, que auxiliaram na compreensão do atual estágio da organização, e o conteúdo dos livros que traçam a história da empresa, os quais possibilitaram um entendimento acerca da sua cultura organizacional.

Essa análise documental possibilitou a descrição detalhada da organização e do novo modelo que está sendo implantado, bem como uma melhor compreensão dos resultados da pesquisa aplicada junto aos profissionais de recursos humanos da empresa e aos seus clientes, apresentada a seguir.

2.4.6 *Desenvolvimento da pesquisa de campo*

O presente capítulo focaliza o papel de recursos humanos na gestão estratégica de mudanças organizacionais. Neste estudo de caso, optou-se pela aplicação da "Pesquisa de Avaliação dos Papéis em Recursos Humanos" desenvolvida por David Ulrich, a fim de avaliar os diferentes papéis que a função de recursos humanos vem desempenhando no processo de mudança pelo qual a organização está passando. O questionário desenvolvido para esta pesquisa tem como objetivo analisar a percepção dos respondentes sobre a qualidade dos serviços de recursos humanos, baseados nos quatro papéis propostos no modelo de Ulrich (1998), utilizando-se uma escala de 5 pontos sendo avaliação 1 para baixa e 5 para alta qualidade.

A aplicação da pesquisa foi realizada globalmente, abrangendo não apenas os funcionários da empresa no Brasil, como também nos demais países do Mercosul em que o Grupo possui unidades e na Europa, onde está localizada a Matriz da empresa. Foram objeto de estudo dois grupos distintos: os Profissionais da área de recursos humanos e os Clientes dessa área. O primeiro grupo, Profissionais de recursos humanos, é constituído por todos os funcionários que trabalham nesta área, independentemente de nível ou localidade no Mercosul (na Europa somente os profissionais de primeira linha). O segundo grupo, Clientes, é composto por gestores (gerentes e supervisores) das diferentes áreas e setores dos estabelecimentos no Mercosul.

O questionário, reproduzido *ipsis literis* nas línguas inglesa e portuguesa, foi enviado para 60 pessoas, todas empregadas do Grupo e dos diversos segmentos em que o ele atua, além de contemplar funcionários com funções corporativas de âmbito global.

Do total de questionários enviados, foram devolvidos 46 questionários respondidos: 23 Profissionais da área de recursos humanos (dentre os quais, cinco europeus) e 23 Clientes de recursos humanos. A amostra colhida possibilitou uma análise comparativa entre as visões do recursos humanos e dos clientes dessa área, permitindo obter, assim, um estudo mais amplo dos papéis exercidos pela área de recursos humanos da empresa estudada.

Como estratégia de pesquisa, a fim de obter-se maior imparcialidade dos respondentes e evitar possíveis vieses nos resultados, o questionário foi enviado aos responsáveis pelas áreas de recursos humanos de cada uma das empresas do Grupo. Eles replicaram-no entre seus subordinados, pares e superiores. Como motivação para a pesquisa, utilizou-se como argumento o estudo acadêmico a ser realizado por participantes da Turma 15, do MBA de Recursos Humanos da USP, o que facilitou o retorno dos questionários, desvinculando-os dos interesses da empresa. Foi solicitado aos respondentes que retornassem o questionário diretamente aos pesquisadores responsáveis pela compilação dos dados, resguardando-se, assim, a identificação dos respondentes.

Vale destacar que o Grupo possui grande tradição em pesquisas. Elas são utilizadas habitualmente no desenvolvimento de seus processos e produtos ao longo de sua história, fazendo parte integrante de seus valores essenciais, constituintes do núcleo da cultura organizacional. Esse elemento característico dos padrões culturais da empresa foi considerado pelo grupo como um viabilizador da alta taxa de retorno dos questionários enviados, superior a 75%.

2.4.7 *Processamento dos dados e análise dos resultados*

A análise dos resultados do questionário aplicado deve ser realizada de duas formas distintas: a primeira, observando os resultados gerais da pontuação obtida pela resposta dos funcionários, a fim de avaliar a percepção da qualidade global dos serviços de recursos humanos, e a segunda, avaliando a distribuição dos pontos entre os quatro papéis de recursos humanos. Nas duas formas de análise, deve-se atentar para a comparação entre a percepção dos profissionais de recursos humanos no Mercosul e seus respectivos clientes, e utilizar a percepção dos profissionais de recursos humanos da Europa apenas como referência comparativa internacional, uma vez que o objetivo do presente estudo de caso é a mudança organizacional liderada pela Matriz europeia no Mercosul, seus efeitos e impactos.

Os resultados obtidos estão sintetizados nas três tabelas a seguir, relativas, respectivamente, a Profissionais da Europa (Tabela 2.1), Profissionais do Mercosul (Tabela 2.2) e Clientes do Mercosul (Tabela 2.3). Os resultados estão discriminados de acordo com os quatro papéis do administrador de recursos humanos (ULRICH, 1998) utilizando-se a escala descrita anteriormente.

Tabela 2.1 *Quadro resumo – resultados dos profissionais de recursos humanos – Europa.*

Parceiro estratégico		Especialista administrativo		Defensor dos funcionários		Agente de mudança	
Questão	Nota	Questão	Nota	Questão	Nota	Questão	Nota
1	2,6	2	3,2	3	3,2	4	2,8
5	1	6	4,2	7	2,8	8	2,4
9	3	10	3,2	11	3,4	12	2,6
13	2	14	3,4	15	2,6	16	2
17	1,6	18	4,2	19	2,2	20	2,2
21	2,2	22	4,2	23	2,8	24	2,2
25	1,8	26	4,2	27	3	28	2,4
29	3	30	3,8	31	2,6	32	2,4
33	3	34	3,8	35	3,6	36	3
37	3,2	38	3,4	39	3,4	40	3,2
Total	23,4	Total	37,6	Total	29,6	Total	25,2

Total Geral	115,8

Tabela 2.2   *Quadro resumo – resultados dos profissionais de recursos humanos – Mercosul.*

Parceiro estratégico		Especialista administrativo		Defensor dos funcionários		Agente de mudança	
Questão	Nota	Questão	Nota	Questão	Nota	Questão	Nota
1	3,5	2	2,9	3	2,8	4	3,5
5	2,9	6	3,8	7	2,7	8	3,4
9	3,6	10	3,2	11	2,9	12	3,4
13	3,4	14	3,4	15	2,6	16	3,4
17	3,3	18	2,8	19	2,4	20	3,3
21	3,2	22	3,0	23	2,8	24	3,5
25	3,1	26	3,4	27	2,7	28	3,4
29	3,7	30	2,7	31	2,6	32	3,5
33	3,7	34	2,9	35	2,5	36	3,5
37	3,4	38	2,9	39	2,4	40	3,3
Total	33,8	Total	31,2	Total	26,4	Total	34,3

Total Geral	125,7

Tabela 2.3   *Quadro resumo – resultados dos clientes de recursos humanos – Mercosul.*

Parceiro estratégico		Especialista administrativo		Defensor dos funcionários		Agente de mudança	
Questão	Nota	Questão	Nota	Questão	Nota	Questão	Nota
1	2,5	2	3,0	3	3,0	4	2,8
5	2,0	6	4,0	7	2,9	8	3,0
9	3,2	10	3,5	11	2,9	12	2,9
13	3,0	14	3,5	15	2,9	16	3,3
17	2,5	18	4,1	19	2,3	20	2,4
21	2,1	22	3,8	23	3,1	24	2,7
25	1,3	26	2,4	27	2,1	28	2,0
29	3,0	30	3,7	31	3,0	32	2,9
33	2,7	34	3,5	35	2,8	36	2,9
37	2,5	38	2,8	39	2,9	40	2,9
Total	25,0	Total	34,3	Total	27,7	Total	27,6

Total Geral	114,6

A pontuação obtida por meio das respostas ao questionário aplicado junto à equipe de recursos humanos e aos seus clientes possibilita uma análise da opinião sobre a qualidade dos serviços de recursos humanos. Segundo Ulrich (1998), empresas cuja pontuação geral está inferior a 90 pontos têm seus serviços de recursos humanos percebidos como de má qualidade. Em empresas cuja pontuação supera 160 pontos, a opinião sobre os serviços de recursos humanos é percebida como de alta qualidade.

De acordo com os resultados obtidos na pesquisa realizada, verifica-se que a opinião sobre a qualidade dos serviços é satisfatória. Esse sentimento é manifestado tanto pelos profissionais de recursos humanos, seja no Mercosul (125,7 pontos) ou na Europa (115,8 pontos), quanto pelos clientes (114,6 pontos). A comparação entre o resultado geral da opinião dos profissionais de recursos humanos no Mercosul e seus respectivos clientes indica que os profissionais de recursos humanos percebem seus serviços com qualidade levemente superior à opinião de seus clientes, fato este comumente encontrado em outras organizações nas quais este questionário foi aplicado (ULRICH, 1998).

A Figura 2.1 apresenta a síntese dos resultados obtidos sobre as percepções de Profissionais e Clientes do Mercosul, tendo como base de comparação a visão declarada pelos Profissionais do Grupo na Europa.

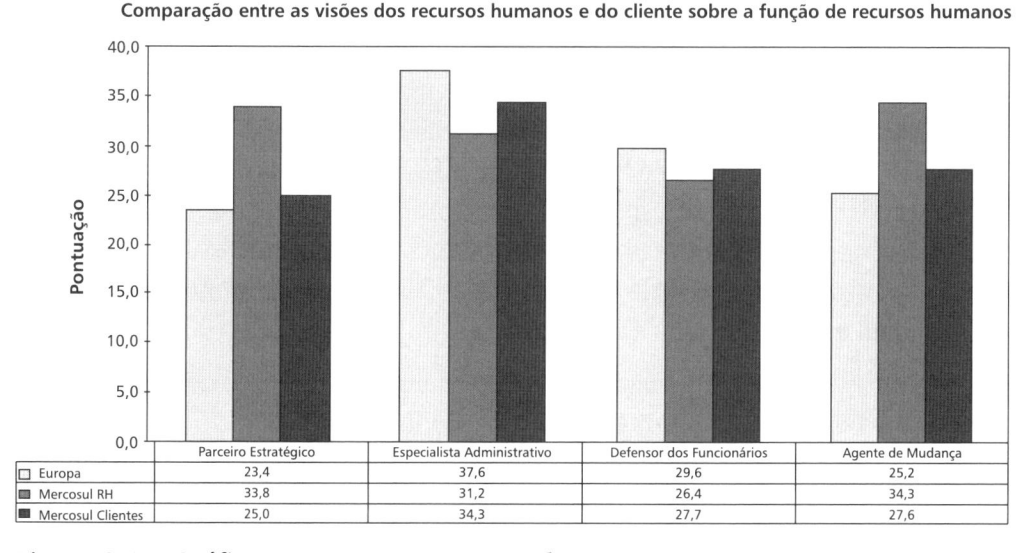

Comparação entre as visões dos recursos humanos e do cliente sobre a função de recursos humanos

	Parceiro Estratégico	Especialista Administrativo	Defensor dos Funcionários	Agente de Mudança
Europa	23,4	37,6	29,6	25,2
Mercosul RH	33,8	31,2	26,4	34,3
Mercosul Clientes	25,0	34,3	27,7	27,6

Figura 2.1 *Gráfico comparativo – Mercosul e Europa.*

Segue-se uma análise dos resultados obtidos de acordo com os papéis do recursos humanos nas percepções de Profissional e Cliente.

Parceiro estratégico

A opinião dos Profissionais de recursos humanos do Mercosul (33,8 pontos) como Parceiros Estratégicos é significativamente superior à opinião de seus Clientes (25,0 pontos). O resultado apresentado se justifica na empresa estudada, tendo em vista que os Profissionais de recursos humanos do Mercosul não participam da concepção do diagnóstico organizacional, processo pelo qual a organização é examinada para detectar suas forças e fraquezas, o qual dá origem às estratégias e às mudanças da empresa. Segundo Ulrich (1998), "superar o desafio de aplicar planos estratégicos exige que os profissionais de recursos humanos imponham à discussão estratégica questões organizacionais *antes* da decisão sobre as estratégias". Além disso, a decisão estratégica do Grupo tem origem na Matriz localizada na Europa, onde está instalada a maior parcela de suas atividades, sem observar as particularidades culturais das demais regiões onde ela atua, como é o caso do Mercosul. A organização espera como resultado desses profissionais, conforme pudemos constatar através do histórico da organização, apenas a eficiência e a eficácia operacionais necessárias para adequação do ambiente empresarial aos objetivos estratégicos propostos e implementados para o negócio. Reforça-se esta afirmativa com base nos resultados da visão dos Profissionais de recursos humanos europeus (23,4 pontos).

Especialista administrativo

A visão dos Profissionais de recursos humanos do Mercosul (31,2 pontos) como Especialistas Administrativos é ligeiramente inferior à de seus Clientes (34,3 pontos), os quais identificaram este papel como preponderante da área de recursos humanos. Esse empate entre as expectativas do recursos humanos Mercosul e as de seus Clientes demonstra que ambos encaram este papel de maneira equivalente e com boa qualidade.

A mesma tendência é percebida quando verificamos a posição dos Profissionais de recursos humanos da Europa (37,6 pontos). Isso demonstra que a percepção do recursos humanos europeu também é essencialmente operacional, com foco em processos e nas atividades cotidianas. Reforça também o que foi discutido aqui relativo ao papel de Parceiro Estratégico. Depreende-se que o papel de Especialista Administrativo no Mercosul não é diferente das outras regiões em que o Grupo opera, já que a Matriz atribui ao papel um peso elevado. Concluímos, portanto, que a característica predominante de recursos humanos é a de Especialista Administrativo.

Defensor dos funcionários

A opinião dos Profissionais de recursos humanos no Mercosul (29,6 pontos) sobre este papel é ligeiramente superior à de seus Clientes (27,7 pontos). Neste papel, como no anterior, também há aqui um empate técnico. No entanto, a pontuação é mais baixa, o que pode significar um ponto de atenção quanto à qualidade dessas funções.

Por outro lado, cabe destacar que o desempenho deste papel é o que possui a divisão mais acentuada de responsabilidades entre o recursos humanos e os gestores, conforme o padrão dominante de distribuição (ULRICH, 1998), o qual divide as responsabilidades deste papel numa escala de 0 a 10 em: 2 pontos para o recursos humanos, 6 para os gestores e 2 para os empregados. O resultado esperado deste papel é a obtenção de comprometimento dos empregados e a utilização adequada de suas competências, em consonância aos objetivos empresariais.

Outro dado que reforça a necessidade de atenção para este ponto é o resultado obtido pela empresa em sua última pesquisa de clima (2003) no que diz respeito ao fator "Liderança", cujo índice de favorabilidade foi de 61%. Apesar de representar uma melhora significativa em relação à pesquisa anterior (2000), esse índice está abaixo dos padrões esperados pela empresa, o que fez com que esta concentrasse grande parte de seus esforços em um plano de ação para melhorar este fator.

Agente de mudança

A visão dos Profissionais de recursos humanos do Mercosul (34,3 pontos) como Agentes de Mudança é significativamente superior à de seus Clientes (27,6 pontos). É importante destacar que esse é o papel predominante do recursos humanos Mercosul na visão de seus Profissionais.

Este papel de recursos humanos possui três enfoques distintos: iniciativas, processos e cultura. No primeiro caso, trata-se das iniciativas e programas promovidos pelo recursos humanos que impliquem novos procedimentos ou projetos. No segundo, trata-se das mudanças de processos com o objetivo de melhorar a eficiência das operações e/ou os resultados obtidos por meio das mudanças na execução do trabalho. No terceiro, trata-se da gestão da mudança cultural da empresa em harmonia com a estratégia empresarial, o que ocorre quando a identidade da empresa é modificada.

Na empresa estudada, a atuação como Agente de Mudança tem grande foco no primeiro e pouco ou nenhum nos segundo e terceiro enfoques. Com relação ao primeiro enfoque, a empresa possui programas liderados pelo recursos humanos, não necessariamente de cunho estratégico, o que pode ter levado estes profissionais a se autoavaliarem de forma elevada. No entanto, não é esta a opinião de seus Clientes. Muitas vezes, segundo Ulrich (1998), os Profissionais de recursos humanos se autoavaliam em razão das intenções de suas ações, enquanto que seus Clientes avaliam o impacto e os resultados destas ações em suas respectivas áreas. Diante disso, é fundamental promover discussões internas entre recursos humanos e seus Clientes, a fim de serem definidas e partilhadas expectativas e comunicadas e esclarecidas as funções de recursos humanos relacionadas a este papel.

Síntese

Com base na teoria de Ulrich (1998), verifica-se que os serviços de recursos humanos são vistos com qualidade satisfatória tanto pelos Profissionais de recursos humanos do Mercosul (125,7 pontos) e Europa (115,8 pontos) quanto pelos Clientes (114,6) de seus serviços.

Da análise comparativa entre os resultados da pesquisa aplicada aos Profissionais de recursos humanos do Mercosul e seus Clientes, verificou-se uma desigualdade na visão destes papéis. Nos papéis de Especialista Administrativo e Defensor de Funcionários, as visões dos Profissionais de recursos humanos Mercosul (31,2 e 26,4 pontos respectivamente) e de seus Clientes (34,3 e 27,7 respectivamente) são equivalentes e possuem uma pontuação favorável quanto à qualidade destes serviços.

No entanto, no que diz respeito aos papéis Parceiro Estratégico e Agente de Mudanças os resultados obtidos mostram uma grande diferença. Os Profissionais de recursos humanos atribuem-se uma elevada pontuação nestes papéis (33,8 e 34,3 respectivamente), ao passo que seus Clientes atribuíram-lhes as mais baixas pontuações (25 e 27,6 pontos) em relação aos demais papéis.

Essa conclusão é fortemente apoiada pelos resultados obtidos através da pesquisa entre os Profissionais europeus de recursos humanos. Os resultados indicam que estes efetivamente não se veem no papel de Parceiros Estratégicos (23,4) e nem de Agentes de Mudança (25,2 pontos), mas como Especialistas Administrativos (37,6 pontos) e Defensores dos Funcionários (29,6 pontos). Com essa visão, eles reproduzem esse papel na qualidade de fonte das políticas mundiais de recursos humanos do Grupo para as demais regiões em que a empresa atua.

2.5 Considerações finais

O atual contexto do mundo empresarial demonstra para as organizações que a gestão estratégica de mudanças organizacionais pode ser um recurso capaz de promover a obtenção de diferenciais competitivos. Os profissionais de recursos humanos, inseridos neste contexto, adquirem papel fundamental no que diz respeito ao exercício dos múltiplos papéis de recursos humanos e na efetiva participação no processo de mudança, desde sua concepção, passando por sua implantação, até seu monitoramento e acompanhamento.

Em razão das constantes mudanças organizacionais que se fazem necessárias, as organizações passaram a rever suas estruturas e modelos de gestão, elaborando novas alternativas, complexas e de significativo impacto, com o objetivo de se adaptarem às novas realidades de forma ágil e flexível. Diante desse contexto, a importância do profissional de recursos humanos passa a ser mais valorizada, uma vez que os processos de mudança ocorrem com o necessário envolvimento das pessoas da organização sob pena de serem fadados ao fracasso.

No caso da empresa europeia tradicional analisada, a sua Matriz tornou-se responsável pela concepção do processo de mudança, tendo de desdobrá-lo às suas subsidiárias ao redor do mundo. Nesse caso, foi estudado o impacto dessa mudança no âmbito do Grupo no Mercosul, bem como analisadas as dificuldades da aplicação dessas mudanças em contextos culturais distintos dos quais foram concebidos. Identificar formas e alternativas para implementar, de maneira integrada e consistente, o modelo desenvolvido na Matriz europeia nas subsidiárias do Mercosul, foi um dos objetivos específicos deste trabalho.

Pode-se observar que o modelo organizacional da empresa estudada foi concebido com base nos padrões culturais vigentes na Europa, principalmente em razão das modificações trazidas pela consolidação da União Europeia com a recente introdução de uma moeda única.

Ao aplicar este modelo organizacional à região do Mercosul, cujas características culturais são diferentes e cujo grau de maturidade está distante da União Europeia, verificaram-se algumas dificuldades para sua implementação. As principais dificuldades decorrentes das características culturais e nacionais dos países onde está sendo implementada a mudança são:

- alta complexidade da legislação trabalhista local que deve ser observada para aplicação das políticas globais;
- diferenças das culturas nacionais em relação à cultura da Matriz europeia (HOFSTEDE et al., 1990), sob a qual foi concebida a mudança organizacional (*e. g.*, hierarquia); e
- aspectos de comunicação relacionados à cultura e língua materna.

O referencial teórico construído demonstra que, para a elaboração do diagnóstico de mudança organizacional, é fundamental a análise da cultura em que a mudança será inserida. Para tanto, existem metodologias de avaliação de aspectos que formam a cultura da organização. Esse fato corrobora com a ideia da necessidade mandatória da participação do profissional de recursos humanos desde a concepção da mudança. Os líderes do processo de mudança são os gerentes de linha e o facilitador do processo é o profissional de recursos humanos.

Para uma adequada contribuição do profissional de recursos humanos no processo de mudança, é indispensável que ele compreenda seus múltiplos papéis, quais sejam: especialista administrativo, defensor dos funcionários, parceiro estratégico e agente de mudança conforme se vê na Figura 2.2. Esses papéis são exercidos pelo profissional de recursos humanos simultaneamente e podem intensificar-se isoladamente de acordo com sua formação e especialização e com as características da organização em que atua.

	FUTURO/ESTRATÉGICO FOCO	
PROCESSOS	Administração de Estratégias de Recursos Humanos	Administração da Transformação e Mudança
	Administração da Infraestrutura da Empresa	Administração da Contribuição dos Funcionários	PESSOAL
	COTIDIANO/OPERACIONAL FOCO	

Fonte: Ulrich (1998).

Figura 2.2 *Papéis de recursos humanos na construção de uma organização competitiva.*

É necessário destacar que esses papéis não são exclusividade dos profissionais de recursos humanos, uma vez que há uma divisão de responsabilidades para cada papel. De acordo com a cultura de cada organização, essa divisão ocorre entre os profissionais de recursos humanos e os gerentes de linha, e eventualmente, também, com outros participantes do processo (informatização, consultores externos etc.), conforme descrito na Figura 2.3.

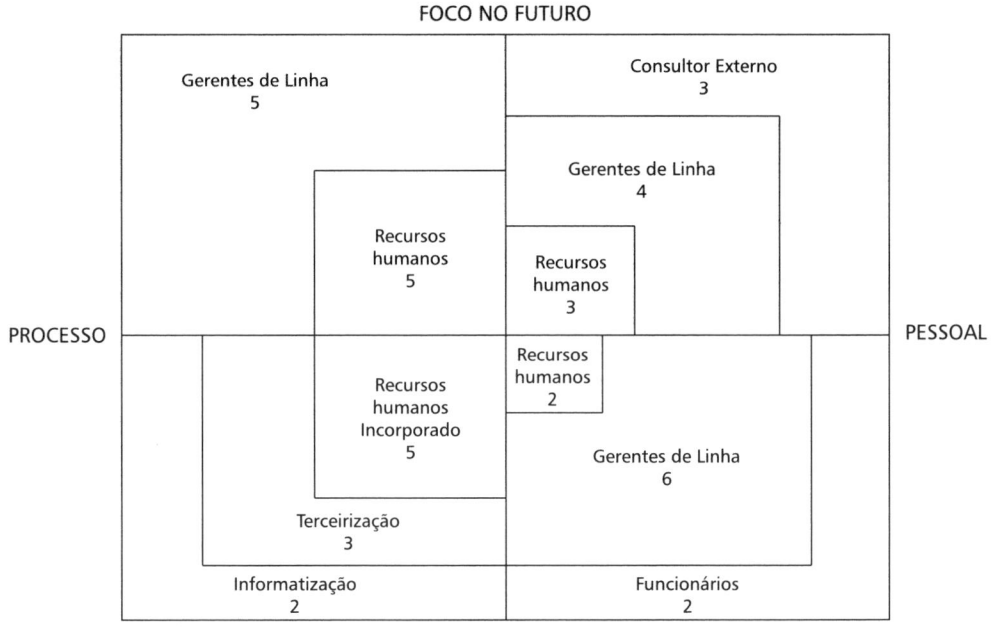

```
                    FOCO NO FUTURO
┌─────────────────────────────────────────────┐
│  Gerentes de Linha      Consultor Externo   │
│         5                      3            │
│              ┌──────────────────────┐       │
│              │    Gerentes de Linha │       │
│              │           4          │       │
│              │  ┌─────────────────┐ │       │
│              │  │    Recursos     │ │       │
│              │  │    humanos  Recursos      │
│              │  │       5    humanos        │
│              │  │             3   │ │       │
│PROCESSO      │  │  ┌──────────┐   │ │ PESSOAL
│              │  │  │ Recursos │   │ │       │
│              │  │  │ humanos  │   │ │       │
│              │  │  Recursos 2 │   │ │       │
│              │  │  humanos    │   │ │       │
│              │  │  Incorporado│Gerentes de Linha
│              │  │     5       │      6      │
│              │  └──────────┘   │ │          │
│              │   Terceirização │ │          │
│              │        3        │ │          │
│              └─────────────────┘ │          │
│   Informatização       Funcionários         │
│        2                    2               │
└─────────────────────────────────────────────┘
                  FOCO NO COTIDIANO
```

Fonte: Ulrich (1998).

Figura 2.3   *Papel de recursos humanos na construção de uma organização competitiva: responsabilidade comum.*

Nos processos de mudança de larga escala, isto é, aquelas que afetam o caráter da organização, é necessário um intenso planejamento de cada etapa a ser alcançada a fim de obter-se os resultados esperados pela organização. Nesse processo, que se inicia com a infusão de um senso de urgência da mudança e se sustenta com um sólido trabalho de comunicação e liderança, exercido principalmente pelos líderes da mudança, a área de recursos humanos deve atuar como agente transformador da cultura da organização.

A reação ao processo de mudança usualmente se mostra adversa, já que as pessoas são retiradas de suas zonas de conforto. A visão da mudança deve ser clara e conter os objetivos da mudança. Para sua construção, é necessário segregar o que deve ser mudado do que não deve ser mudado. A ideia da mudança deve ser exaustivamente defendida e comunicada pelos líderes a todos os empregados. A mudança só se realiza com as pessoas e, para que tenha êxito, deve haver comprometimento e envolvimento.

Cada etapa do processo deve ser cumprida. Entender os anseios, preocupações e receios dos empregados é fundamental para que o curso e o ritmo da mudança possam ser ajustados à realidade de cada organização.

Para enfrentar com êxito um processo de mudança organizacional de larga escala, o profissional de recursos humanos deve servir como um dos pilares de sustentação do processo, sem o qual este não sobrevive. Além disso, há alguns fatores que devem ser necessariamente observados:

- recursos humanos: os profissionais desta área devem ser os facilitadores do processo de mudança e devem exercer seus múltiplos papéis, bem como difundir as responsabilidades para os participantes em cada papel;
- planejamento e implementação: cada etapa da mudança deve ser planejada detalhadamente e a implantação de todas as etapas precisa ser acompanhada continuamente e de forma estruturada;
- cultura: deve ser realizado um diagnóstico da cultura organizacional, no qual será inserida a mudança, para compreensão dos impactos da mudança na organização;
- liderança: os líderes da mudança, isto é, os gerentes de linha, em parceria com os profissionais de recursos humanos, devem manter vivo o senso de urgência da mudança e guiar os empregados na direção correta dos objetivos empresariais a serem atingidos;
- comunicação: a mudança deve ser exaustivamente comunicada e compreendida com o objetivo de auxiliar na obtenção de comprometimento e envolvimento dos empregados no processo.

No estudo de caso realizado, cada um desses fatores foi levado em consideração para a elaboração do plano de ação, considerando-se que a mudança já se encontrava em andamento e com algumas etapas já realizadas.

Com a efetiva participação do profissional de recursos humanos no processo de mudança organizacional, exercitando a plenitude de seus múltiplos papéis e observados os fatores mencionados acima (detalhado no referencial teórico), o processo de mudança certamente seguirá o rumo do sucesso.

Este capítulo não pretende esgotar o estudo deste tema, cuja complexidade apresenta-se relevante para o aprimoramento da gestão das organizações no momento atual. A partir dos seus resultados, delineiam-se outras linhas de pesquisa que podem ser desenvolvidas em novos projetos. Além disso, este referencial fundamenta uma base consistente para a concepção e implementação de processos de mudança organizacional de larga escala reforçando a importância da área e dos profissionais de recursos humanos na sua condução.

Referências

ANSOFF, H. I. *Administração estratégica*. São Paulo: Atlas, 1983.

_____; DECLERCK, R. P.; HAYES, R. L. *Do planejamento estratégico à administração estratégica*. São Paulo: Atlas, 1976.

DUTRA, J. S. (Org.). *Gestão por competências*. 4. ed. São Paulo: Gente, 2001.

_____. *Competências*: conceitos e instrumentos para a gestão de pessoas na empresa moderna. São Paulo: Atlas, 2004.

_____. *Gestão de pessoas*: modelo, processos, tendências e perspectivas. São Paulo: Atlas, 2002.

FISCHER, A. L. *A Constituição do modelo competitivo de gestão de pessoas*. 1998. Tese (Doutorado) – PPGA/FEA-USP, São Paulo.

FISCHER, R. M. Mudança e transformação. In: FLEURY, M. T. L. (Org.). *As pessoas na organização*. São Paulo: Gente, 2002. p. 147-164.

FLEURY, A.; FLEURY, M. T. L. *Estratégias empresariais e formação de competências*: um quebra-cabeça caleidoscópio da indústria brasileira. 2. ed. São Paulo: Atlas, 2001.

FLEURY, M. T. L.; FISCHER, R. M. (Coord.). *Cultura e poder nas organizações*. 2. ed. São Paulo: Atlas, 1996.

GALBRAITH, J. R. Organization design. In: *Handbook of Organization Behaviour*. Englewood Cliffs, N. J.: Prentice Hall, 1987.

GIBSON, R. (Ed.). *Repensando o futuro*: repensando negócios, princípios, concorrência, controle e complexidade, liderança, mercados e mundo. São Paulo: Makron, 1998.

HOFSTEDE, G. et al. Measuring organizational cultures: a qualitative and quantitive study across twenty cases. *Administrative Science Quarterly*, v. 35, p. 286-316, 1990.

KOTTER, J. P. *Liderando mudança*. 12. ed. Rio de Janeiro: Campus, 1997.

LAWLER III, E. et al. *Large-scale organizational change*. San Francisco: Jossey Bass, 1989.

PORTER, M. E. *Competitive strategy*: techniques for analysing industries and competitors. New York: Free Press, 1980.

PRAHALAD, C. K.; HAMEL, G. The core competence of the corporation. *Harvard Business Review*, p. 79-91, May/June, 1990.

RHINOW, G. *Evolução da prática de concepção de estratégias dentro das organizações*: do planejamento à aprendizagem. Anais do ENANPAD, 1996.

SCHEIN, E. *Organizational culture and leadership*. San Francisco: Jossey Bass, 1986.

_____. *Guia de sobrevivência cultura corporativa*. Rio de Janeiro: José Olympio, 2001.

ULRICH, D. (Org.). *Recursos humanos estratégicos*: novas perspectivas para os profissionais de RH. São Paulo: Futura, 2000.

_____. *Human resources champions*: the next agenda for adding value and delivering results. Boston: Harvard Business School Press, 1997.

_____. *Os campeões de recursos humanos*: inovando para obter os melhores resultados. 8. ed. São Paulo: Futura, 1998.

3

Do transacional ao estratégico: a transformação de recursos humanos em busca de um novo papel organizacional

Andrezza Cintra Camargo
Carolina Ferreira Ribeiro do Val
Rita de Cássia Sá Barreto Caribé
Joel Souza Dutra

3.1 Introdução

Nas páginas iniciais de seu livro, Conner (1993) afirma que "nunca antes tanto mudou tão rápido e com tão dramáticas implicações para o mundo todo". Escrita há muitos anos, a introdução mantém sua atualidade e aumenta a sua intensidade. Segundo Fischer, "a mudança é um atributo inerente à natureza humana e às relações do homem em sociedade" (FISCHER, R. M., 2002). A mudança é uma constante no mundo corporativo, assim como sua crescente velocidade. Resta-nos a análise para aproveitá-la e (por que não?) direcioná-la.

Recentemente, esse ritmo frenético de mudanças impôs-se sobre a área de recursos humanos, com impactos nos processos, competências e expectativas de resultado. Antes focado em tarefas operacionais e burocráticas, exigiu-se do recursos humanos um papel mais estratégico. Hoje, o profissional da área busca auxiliar na liderança da mudança organizacional, pois as chances de sucesso aumentam com o envolvimento das pessoas; daí a importância da sua atuação efetiva, desde o início, com a missão de alinhar as práticas de gestão à estratégia.

O recursos humanos, agora, busca mostrar que, mais do que um centro de custo, ele agrega valor, indo além da numerologia simplista de treinamentos efetuados e dias até a contratação. Para firmar-se no comitê de estratégia, ele deve estar pronto para discutir também números, estratégias e resultados financeiros. Dave Ulrich (2001) reforça essas ideias oferecendo uma proposta de valorização da Área e dos profissionais de recursos humanos, através da estruturação de papéis de forma clara e de sua divulgação por toda a organização.

É nesse ambiente que a Alcoa liderou o seu processo de transformação de recursos humanos. Até 2005, a Gestão de Pessoas mostrava-se concentrada em atividades administrativas, especializada em funções, rotina burocrática, ênfase nos procedimentos e isolamento em relação aos demais departamentos da empresa. Foi nesse cenário que se iniciou a implantação do modelo de Ulrich na unidade brasileira. Movimento de tal sucesso que já é replicado nas outras unidades no mundo.

A implantação já foi finalizada, permitindo o estudo da aplicabilidade de um modelo teórico e a percepção de valor agregado para a organização. A importância deste estudo está na possibilidade de avaliar a ponte entre a teoria e a prática em recursos humanos e todas as dificuldades para se construir essa ponte.

O objetivo deste capítulo é apresentar o passo a passo da implantação de um novo modelo de gestão de pessoas, como apoio estratégico no desenvolvimento de pessoas e do negócio. Será enfatizada a identificação da expectativa dos funcionários e gestores em relação a gestão de pessoas, a definição dos papéis e responsabilidades com a criação de três novos papéis para a área de recursos humanos e a implantação de uma central de serviços compartilhados. Como resultado da implantação do novo modelo, houve a revisão e padronização de todos os processos de gestão de pessoas, a mudança do modelo de atendimento para gestores e funcionários e a gestão da mudança, envolvendo comunicação, liderança e capacitação de 6.500 funcionários.

3.2 Conceitos importantes

Segundo Fischer, "entende-se por modelo de gestão de pessoas a maneira pela qual uma empresa se organiza para gerenciar e orientar o comportamento humano no trabalho" (FISCHER, A. L., 2002). Esses modelos podem ser divididos em quatro categorias de acordo com o comportamento dos elementos que os compõem e sua capacidade de interferir na vida organizacional.

O modelo inicial, Departamento de Pessoal, é voltado para atividades processuais e burocráticas. Já o modelo de Gestão do Comportamento Humano institui o conceito de Gestão de recursos humanos, que, além de concentrar-se na tarefa (processos e burocracia) e nos custos, passa a atuar no comportamento das pessoas, através de avaliação de seu desempenho e desenvolvimento. Segue-se o modelo de Gestão Estratégica, com o alinhamento entre a gestão de recursos humanos, as políticas e estratégias empresariais e os fatores ambientais. Por fim, o modelo de Vantagem Competitiva parte da clareza cada vez maior dos impactos do desempenho humano nos resultados do negócio da organização. Neste modelo, a busca por competitividade ganha destaque vital. O foco é buscar, conquistar e sustentar a vantagem competitiva. As noções de valor agregado ao produto e a de cadeia de valor são introduzidas no vocabulário das organizações.

Mais que direcionar as estratégias de pessoas da empresa, o recursos humanos será um parceiro efetivo ao conseguir direcionar as próprias estratégias das empresas. É importante manter em mente que "as atividades de recursos humanos têm um grande impacto na performance individual e, portanto, na produtividade e performance organizacional" (FOMBRUN; TICHY; DEVANNA, 1984).

Dave Ulrich (ULRICH, 2001) deduz que a evolução dos modelos de Gestão de Pessoas e das organizações acarreta novos desafios para criação de valor na área de recursos humanos. Consequentemente, devem ser definidos novos papéis para os profissionais da área, englobando tanto as atividades estratégicas quanto as operacionais: o recursos humanos deve ser ao mesmo tempo polícia e parceiro. Os profissionais devem ir além do foco na tarefa e, a partir de uma análise da estratégia da empresa, definir quais são as metas que garantirão a competitividade.

Para isso, Ulrich propõe as quatro metas e papéis principais nos dias de hoje, dividindo-as em eixos que representam o foco e as atividades dos papéis (Figura 3.1):

	FUTURO/FOCO ESTRATÉGICO	
PROCESSOS (atividades)	Administração de Estratégias de Recursos Humanos	Administração da Transformação e Mudança
	Administração da Infraestrutura da Empresa	Administração da Contribuição dos Funcionários	PESSOAL
	COTIDIANO/FOCO OPERACIONAL (foco)	

Fonte: Ulrich (2001).

Figura 3.1 *Papéis de recursos humanos na construção de uma organização.*

O papel define em que tipo de responsabilidades aquele profissional irá focar os seus esforços. Basicamente, é identificar "o que se deve fazer para gerar valor como profissional de recursos humanos".

Segundo o modelo, são quatro papéis genéricos: execução da estratégia, eficiência administrativa, dedicação profissional e administração da mudança. Ultimamente, os diversos papéis têm sido fonte de certa confusão, principalmente nas empresas em fase inicial de implantação. Superando essa confusão, os profissionais de recursos humanos têm o desafio de ser estratégicos e operacionais com foco no curto e no longo prazo, concomitantemente. Uma vez que a liderança veja o recursos humanos como uma unidade de negócio que articula uma visão, define e acompanha seus objetivos, naturalmente a área irá conquistar o direito de discutir estratégias e desafios do negócio, com credibilidade ao ouvir, entender, aperfeiçoar e gerar valor.

A partir da estratégia organizacional e nesse ambiente, a área de recursos humanos da Alcoa buscou o desafio de firmar-se como parceiro estratégico. O recursos humanos buscou entender e implantar sua estrutura ótima, garantir políticas e processos consistentes, conquistar seu lugar com uma postura profissional e agregar valor para a organização.

3.3 Metodologia

A realização do estudo objetivou entender "como" foi feita a implantação e "como" ela foi vista pelo público interno. A percepção do público interno é importante para validar a importância do modelo e a agregação de valor por parte da área de recursos humanos.

A escolha do estudo de caso justificava-se para se ter a possibilidade de uma análise em profundidade. A transformação do recursos humanos na Alcoa é um caso representativo por implantar o modelo proposto por Ulrich (2001) em sua forma completa.

O trabalho foi desenvolvido utilizando três formas de abordagem do campo:

a) pesquisa documental: para o entendimento da empresa e do processo de implantação. Ela serviu como base para o entendimento do projeto de transformação do recursos humanos fornecendo dados e históricos;

b) pesquisa quantitativa: através da aplicação de uma pesquisa de satisfação com os clientes internos de recursos humanos para entendimento da satisfação dos serviços e também sua aceitação da implantação de um novo modelo.

A pesquisa de satisfação foi aplicada em todo o Brasil e serviu como base para a mudança de toda a gestão de recursos humanos. Ela teve o objetivo de medir a satisfação dos funcionários em relação à área de recursos humanos (produtos e serviços), com o intuito de identificar áreas de melhoria e mudanças em potencial. Seu público-alvo considerou uma amostra de 5% dos funcionários de cada unidade, divididos em gestores, mensalistas e horistas. A amostra de respondentes à pesquisa variou de acordo com o tamanho de cada uma das unidades.

c) pesquisa qualitativa: para entender as diversas percepções sobre o programa de transformação do recursos humanos, foram entrevistadas 28 pessoas entre clientes e profissionais de recursos humanos, por meio de entrevistas dirigidas, que abordavam:

- visão da cultura Alcoa Brasil;
- percepção do nível de prontidão para a mudança;
- percepção sobre o recursos humanos Alcoa Brasil;
- conhecimentos e expectativas em relação ao projeto.

3.4 Apresentação do caso

A Alcoa produz variados produtos para diversos mercados: alumina, alumínio, chapas, folhas e telhas e revestimentos de alumínio, mineração de bauxita (matéria-prima para alumina), perfis e pó de alumínio, além de produtos químicos. Em 2004, as atividades da Alcoa América Latina em 2004 obtiveram uma receita de US$ 839 milhões a partir de US$ 1.385 bilhões de Ativos.

A área de recursos humanos da Alcoa era caracterizada por um modelo totalmente descentralizado até o ano de 2005, conforme ilustra a Figura 3.2.

Figura 3.2 *Alcoa – organograma da área de recursos humanos.*

Esse modelo trazia uma série de consequências: falta de compartilhamento das decisões e melhores práticas entre localidades, excesso de foco do gerente e equipe de recursos humanos da localidade no processo ou em atividades operacionais, falta de padronização dos processos, visto que cada localidade tinha autonomia quanto à gestão de seus produtos, tratamento por exceções (falta de procedimento e políticas), alto número de atendimentos físico ou face a face, recursos humanos sem tempo para suportar a gestão do negócio, foco na entrega do produto e não na gestão, falta de alinhamento com a estratégia, atuação somente sob demanda, estrutura não adequada aos desafios atuais da área.

Como resultado, a distribuição do tempo dos profissionais da área estava mais concentrada em atividades operacionais, conforme demonstra a Figura 3.3.

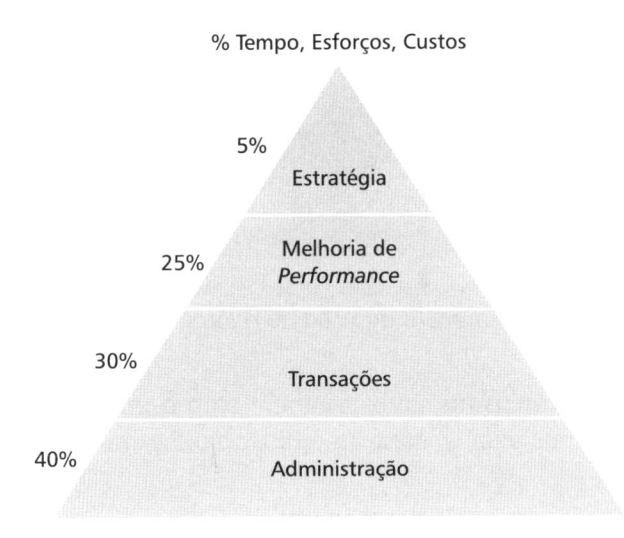

% Tempo, Esforços, Custos

- 5% Estratégia
- 25% Melhoria de Performance
- 30% Transações
- 40% Administração

Figura 3.3 *Alcoa: distribuição do tempo dos profissionais de recursos humanos.*

3.4.1 *As características do novo modelo Alcoa*

No novo modelo, três importantes papéis de recursos humanos foram definidos para atuar conjuntamente: CoE, BP e GBS. A articulação entre esses papéis e entre eles e a organização pode ser visualizada através da Figura 3.4:

- **CoE (Centro de Expertise):** responsável pela elaboração e melhoria contínua das políticas e práticas do recursos humanos, são os especialistas e trazem melhores práticas do mercado;
- **BP (Parceiros de Negócio):** têm a função de atuar junto aos líderes de negócio, ajudam a resolver assuntos complexos de recursos humanos e desenvolvem estratégias que atendam às necessidades do negócio;

- **GBS recursos humanos (Centro de Serviços Compartilhados):** centralizam todos os serviços transacionais de recursos humanos, garantindo padronização, qualidade e redução de custos.

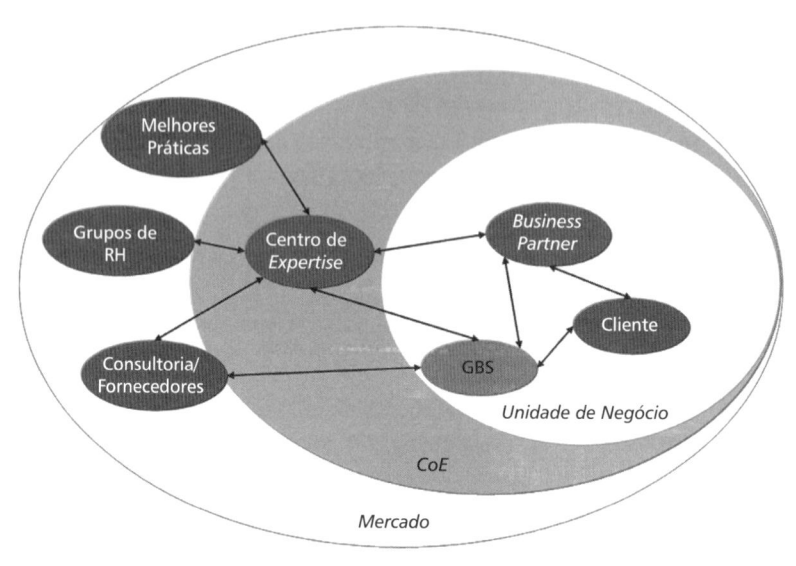

Fonte: A empresa.

Figura 3.4   *Alcoa – o novo modelo da área de recursos humanos.*

A estrutura de recursos humanos também sofreu um redesenho para poder articular melhor os seus papéis, conforme mostra a Figura 3.5.

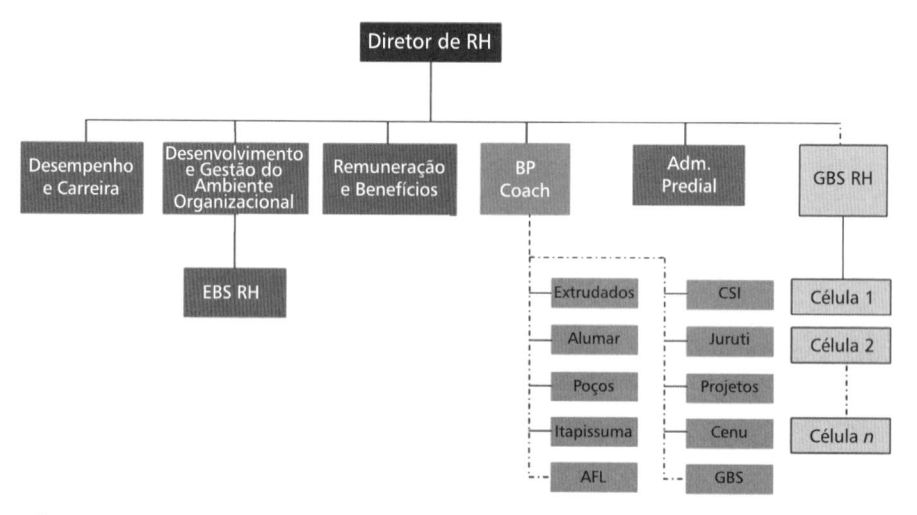

Fonte: A empresa.

Figura 3.5   *Alcoa – o novo organograma da área de recursos humanos.*

O êxito de qualquer projeto que proponha a introdução de novos recursos tecnológicos ou o redesenho de processos (dimensão técnica) está no planejamento com a intervenção que essa introdução realiza nas dimensões humana e cultural da organização. O projeto foi desenvolvido em quatro grandes etapas (Figura 3.6):

Fase 0 Diagnóstico — Fase 1 Detalhamento — Fase 2 Desenvolvimento — Fase 3 Governança — Fase 4 Implantação e Monitoramento

Figura 3.6 *Alcoa – fases de implantação do novo modelo de intervenção.*

Durante toda a implantação, foi fundamental a gestão da *performance* para o acompanhamento do desempenho do novo modelo após a implementação dos novos processos de recursos humanos e das ferramentas *RH Atende* e *RH.com. você*. Foram definidos indicadores para medir o progresso e o sucesso em relação a metas estabelecidas, possibilitar a rápida identificação de possíveis problemas e a adoção de ações para solucioná-los.

O antigo modelo se concentrava no atendimento face a face. Em cada unidade da empresa, havia um balcão de atendimento ao qual o empregado tinha que se dirigir em horário administrativo para ter suas solicitações atendidas. Com o novo modelo de recursos humanos, foi implantado um processo de relacionamento com os clientes internos. Esse processo ocorre em três diferentes níveis:

- **1º nível de atendimento:** por meio de equipamento de quiosque disponível em locais de fácil acesso e grande fluxo de pessoas, foi disponibilizado o portal interno com uma página exclusiva para serviços de recursos humanos. O portal foi nomeado recursos humanos.com.você. e fornece serviços para gestores e empregados, como: alteração de férias, impressão de holerite, visualização de dados pessoais e profissionais do empregado, declarações diversas, solicitação de reembolso escolar, acerto de marcação de horas, entre outros serviços;

- **2º nível de atendimento:** configurado como uma central de atendimento telefônica, para que os clientes internos pudessem ligar para solicitação de serviços que não estivessem disponíveis no Portal, como dúvidas, sugestões ou reclamações. Esse serviço na Alcoa Alumínio S.A. foi terceirizado por meio de uma empresa com uma equipe composta por dez atendentes e um coordenador. O atendimento é feito através de uma linha gratuita (número 0800) e disponível para todo o Brasil, das seis horas da manhã às seis horas da tarde. Qualquer tipo de solicitação tem um registro em sistema específico de atendimento (sistema Remedy) e os atendentes utilizam os *scripts* e materiais de referência caso seja necessário no atendimento para solução do chamado ou solicitação;

- **3º nível de atendimento:** é constituído pelo Centro de Serviços Compartilhados ou GBS (*Global Business Services*). O atendimento chega para esse nível caso a solicitação não tenha sido solucionada no 2º nível – RH Atende. Através da utilização do mesmo sistema de atendimento Remedy, a Central de Serviços Compartilhados faz o atendimento ao empregado provendo a solução. Somente em caso de exceções ou alterações de políticas o atendimento chega até o 4º nível, isto é, ao Centro de *Expertise* ou CoE.

Além de realizar o atendimento, o GBS também provê serviços dos processos de recursos humanos para todo o Brasil. São serviços como: administração de pessoal, folha de pagamento, indicadores de recursos humanos, recrutamento e seleção, remuneração, treinamento e desenvolvimento, relações trabalhistas e benefícios. O foco principal dessa estrutura é a melhoria contínua, padronização e automatização das atividades e o relacionamento com o cliente. O GBS deve garantir boa prestação de serviço com foco em qualidade e baixo custo.

A Figura 3.7 resume a forma de atendimento do novo modelo de recursos humanos com seus clientes internos: Empregados e Gestores:

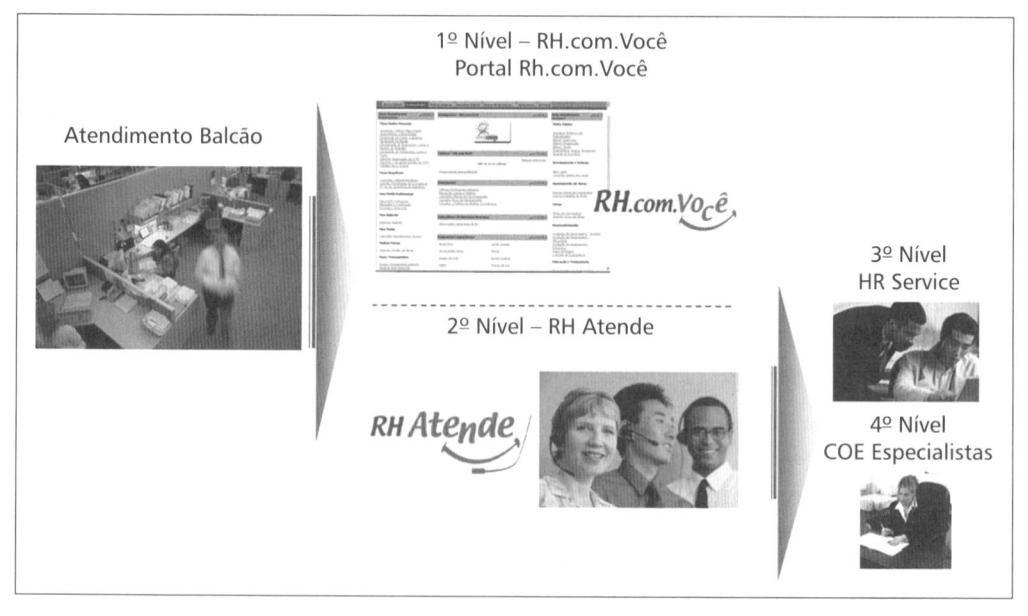

Fonte: A empresa.

Figura 3.7 *Alcoa – atendimento dos seus clientes internos.*

No processo de implantação do novo modelo de gestão, houve a preocupação em se minimizar qualquer impacto negativo; para tanto, as pessoas e a cultura da organização foram sempre tratadas com muito respeito. Outro aspecto importante foi o cuidado com o diálogo contínuo com a organização; para tanto, foi criada uma "rede de mudança" com os gestores atuando como multiplicadores. O diálogo com a organização teve uma grande aderência e impacto, porque teve o patrocínio do Presidente e de todos os diretores. O gestor atuou como agente de mudança e todos os funcionários tiveram a oportunidade de se manifestar e serem ouvidos. A "rede de mudança" pode ser mais bem compreendida através da Figura 3.8.

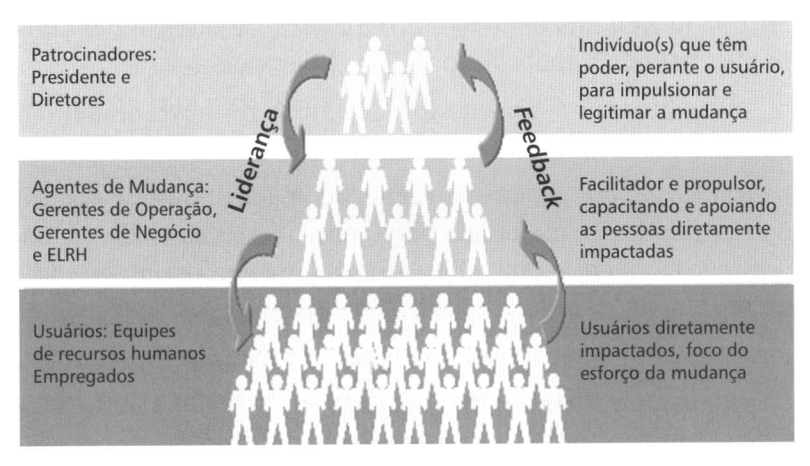

Fonte: A empresa.

Figura 3.8 *Alcoa – rede de mudança.*

Houve, também, uma intensiva campanha de comunicação nas fábricas e eventos especiais nos dias de implantação, que garantiu o envolvimento de todos os empregados e o grande acesso às novas ferramentas. Essa campanha incluiu a elaboração de uma ampla gama de materiais, tais como: *banners*, cartazes, camisetas, guias de bolso, manual do gestor, canetas e *pointers*, protetores de banco (para os ônibus), *wallpapers*, jogos americanos (para os restaurantes), pancarte com contagem regressiva junto aos quiosques, capa para os quiosques no período de preparação dos mesmos.

3.4.2 A pesquisa sobre o novo modelo de recursos humanos da Alcoa: resultados

Na visão dos gestores, o projeto foi um grande sucesso. A aceitação do novo modelo e das novas ferramentas de atendimento foi bastante alta em todas as localidades. A ideia de um recursos humanos com foco no negócio e com maior autonomia para empregados e gestores foi altamente elogiada e vista como necessária e oportuna. O modelo teve grande repercussão em outras unidades no mundo e tem sido fonte de *benchmarking* interna e externa. Dentre as conquistas obtidas, bem como seus números, podemos destacar:

- papéis e responsabilidades do novo modelo de recursos humanos claramente definidos;
- novo modelo de recursos humanos em funcionamento e estruturado para atuar com maior foco estratégico;
- central de atendimento telefônico e central de serviços em funcionamento e atendendo a todas as metas de desempenho;
- recursos humanos capacitado para atuar no novo modelo e todos os usuários treinados;
- padronização dos processos, definição de indicadores e identificação de oportunidades de melhorias, incluindo 54 processos de recursos humanos redesenhados e procedimentos desenvolvidos, envolvendo cerca de 60 profissionais de recursos humanos em equipes de trabalho;
- formação de 90 agentes de mudança em todas as localidades;
- aproximadamente 60 profissionais de recursos humanos e 6.500 empregados treinados no novo modelo de atendimento;
- envolvimento de 100% dos gestores e empregados, devido a uma efetiva Campanha de Comunicação e Envolvimento.

A seguir, alguns depoimentos de gestores e empregados sobre o novo modelo:

"O projeto está dando oportunidade para que todos, independente de idade ou cargo, busquem informações sobre sua vida profissional, de modo rápido e eficaz, valorizando o ser humano e contribuindo para a sua inclusão digital, que é cada vez mais presente em nossa vidas." *Gestor AFL – Manutenção*

"É fato que antes de conhecer e usar o sistema houve algum receio com relação ao ganho que teríamos, porém esse sentimento foi rapidamente superado com a utilização do mesmo." *Gestor UTG – Superintendente de Engenharia de Manutenção*

"Os sistemas e processos precisam se adaptar às pessoas e não o contrário, e este é o grande mérito do projeto. Sem dúvida, entramos numa nova era na gestão de pessoas na Alcoa." *Gestor CENU – Gerente de Produtos Estratégicos.*

"O treinamento no projeto nos mostrou como uma empresa globalizada deve tratar a questão da interação entre o setor produtivo e as áreas de apoio. A simplificação dos fluxos e contato o mais direto possível entre fornecedor e cliente ajudará no aumento da satisfação dos envolvidos no processo." *Gestor Alumar – Supervisor da Digestão/Refinaria*

"O portal é prático e de fácil navegação. Já olhei as minhas informações no sistema e conferi que estão todas corretas." *GBS A&L*

"Atualizei meu endereço através do recursos humanos.com.você. Foi extremamente fácil e rápido. Não tenho dúvida que a ferramenta de autosserviço tornará os procedimentos mais ágeis e eficazes." *Secretária bilíngue – CENU*

"Eu adorei isso aí (falando do quiosque)!! Gostei muito, agora é bem mais simples, fácil demais!" *Correção de matrizes – Tubarão*

"Achei muito bom. É mais fácil e prático. Posso ter a informação que desejar, na hora que eu precisar, com rapidez." *Almoxarifado – AFL*

No que se refere à pesquisa quantitativa, as questões da pesquisa foram divididas em quatro partes, agrupadas por assunto, como pode ser visto na Figura 3.9.

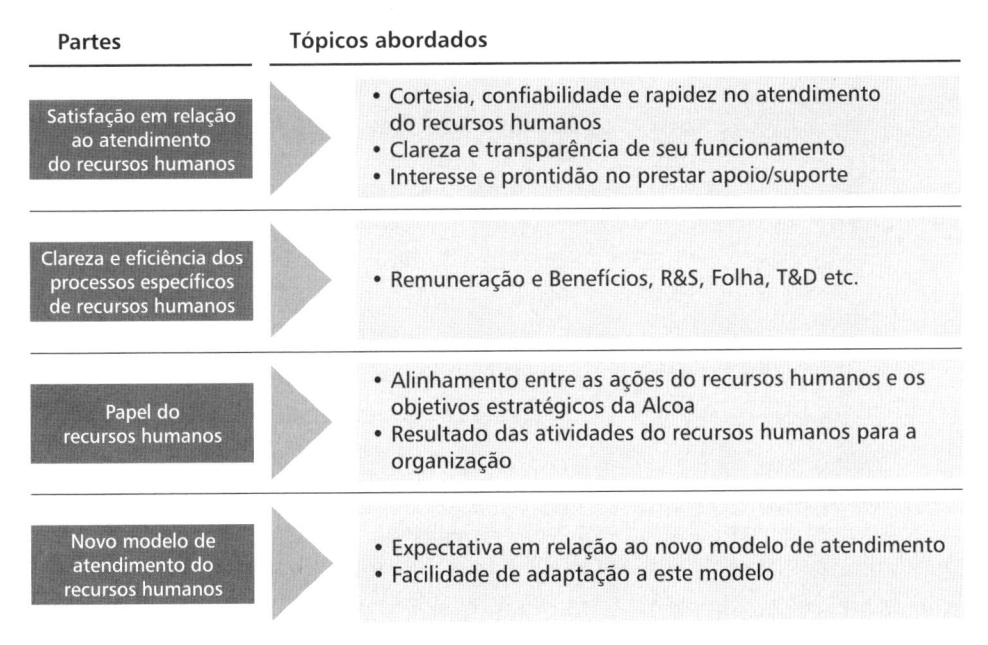

Partes	Tópicos abordados
Satisfação em relação ao atendimento do recursos humanos	• Cortesia, confiabilidade e rapidez no atendimento do recursos humanos • Clareza e transparência de seu funcionamento • Interesse e prontidão no prestar apoio/suporte
Clareza e eficiência dos processos específicos de recursos humanos	• Remuneração e Benefícios, R&S, Folha, T&D etc.
Papel do recursos humanos	• Alinhamento entre as ações do recursos humanos e os objetivos estratégicos da Alcoa • Resultado das atividades do recursos humanos para a organização
Novo modelo de atendimento do recursos humanos	• Expectativa em relação ao novo modelo de atendimento • Facilidade de adaptação a este modelo

Fonte: Autores.

Figura 3.9 *Temas da pesquisa quantitativa.*

O Quadro 3.1 apresenta uma síntese dos resultados em termos dos níveis de concordância alcançados nas questões apresentadas.

Quadro 3.1 *Síntese dos resultados da pesquisa quantitativa.*

Questões apresentadas	Níveis de concordância (plena + parcial)
Estou satisfeito com os serviços prestados pelo recursos humanos?	• de 80% a 88% entre gestores, mensalistas e horistas • 64% a 99% entre as unidades da empresa
O recursos humanos cumpre com eficiência e clareza seus processos específicos?	• de 77% a 82% entre gestores, mensalistas e horistas
O recursos humanos está alinhado com os objetivos estratégicos da Alcoa?	• de 48% a 100% de concordância entre as unidades da empresa (grande variedade de opiniões)
O aspecto estratégico do recursos humanos está sendo atendido?	• 76% de concordância para o conjunto da empresa
Acredito que o novo modelo de atendimento trará melhorias e será bem aceito.	• de 41% a 77% de concordância (grande variedade de opiniões)
Acredito que o novo modelo de atendimento trará melhorias e será bem aceito.	• 60% de concordância entre gestores • 74% de concordância entre mensalistas

Do Quadro 3.1 depreende-se que:

- a satisfação geral com o atendimento prestado pelo recursos humanos é bastante elevada;
- há níveis significativos de insatisfação quanto à clareza e à eficiência dos processos específicos do recursos humanos;
- menor confiança no Novo Modelo de atendimento encontra-se no nível gerencial.

Complementarmente, as Figuras 3.10 e 3.11, apresentadas a seguir, permitem visualizar o nível de satisfação e também os focos prioritários para as mudanças no recursos humanos da empresa.

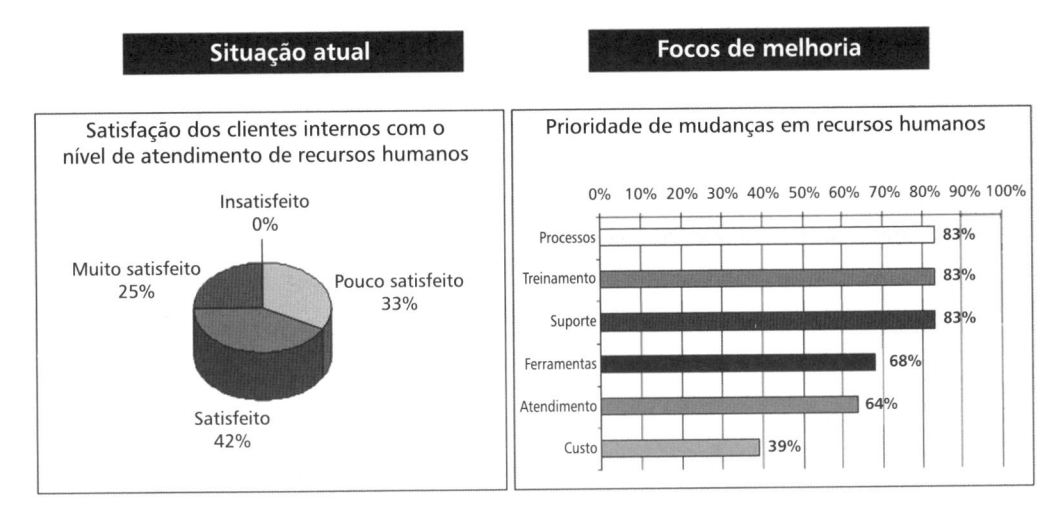

Figura 3.10 *Síntese de resultados da pesquisa quantitativa.*

Através dos resultados da pesquisa, constatou-se a forma de atuação da área de recursos humanos e o objetivo de transformar a revisão da estrutura e dos processos da área de recursos humanos, buscando ganhos quantitativos e qualitativos para a Organização. Transformar o recursos humanos significa mudar os processos da área, tendo como foco a satisfação do Cliente interno e proximidade do negócio, conforme demonstra a Figura 3.11.

Fonte: A empresa.

Figura 3.11 *Alcoa – transformação dos recursos humanos.*

3.5 Considerações finais

Com base na experiência dos profissionais e da empresa estudada, foi possível constatar que o respeito à cultura organizacional e às pessoas é fundamental para o sucesso de qualquer inovação que implique na revisão de valores e relações de poder. O ritmo do processo deve obedecer às restrições impostas pela cultura sob pena de ferir pessoas e gerar prejuízos para a empresa e para o negócio.

Outros ensinamentos importantes oferecidos pelo caso analisado são:

1. a importância do monitoramento do processo, com a tomada de pulso continuamente. Isso permite verificar se o processo está caminhando na direção adequada e, caso não esteja, mobilizar rapidamente a organização para correção de rumo;
2. a mobilização das lideranças da organização para atuar como patrocinadores do processo e disseminadores do mesmo;
3. construção de parcerias para aprimoramento dos processos de gestão de pessoas. É importante reforçar que os processos de gestão de pessoas são da empresa e não da área de recursos humanos;
4. divulgar continuamente os resultados obtidos com a implantação dos processos, enfatizando que é fundamental que os patrocinadores, disseminadores e usuários estejam continuamente informados de tudo que lhes diz respeito.

A partir do referencial conceitual utilizado Fischer R. M. (2002) e Ulrich (2001), é possível verificar que a mudança de papéis da área de recursos humanos implica em um grande pacto com as lideranças da organização. O espaço deve ser conquistado e não tomado à força. A conquista é de um novo espaço na organização cuja necessidade deve ser percebida pela liderança da empresa e os profissionais de recursos humanos devem estar aptos para ocupar.

Referências

CONNER, Daryl R. *Managing at the speed of change*: how resilient managers succeed and prosper where others fail. New York: Villard, 1993.

FISCHER, André L. Um resgate conceitual dos modelos de gestão de pessoas. In: FLEURY, M. T. L. (Org.). *As pessoas na organização*. São Paulo: Gente, 2002. p. 11-34.

FISCHER, Rosa M. Mudança e transformação organizacional. In: FLEURY, M. T. L. (Org.). *As pessoas na organização*. São Paulo: Gente, 2002. p. 147-164.

FOMBRUN, C.; TICHY, N.; DEVANNA, M. A., A. Framework for strategic human resource management. In: FOMBRUN, C.; TICHY, N.; DEVANNA, M. A. *Strategic human resource management*. New York: John Wiley, 1984.

ULRICH, Dave. *Os campeões de recursos humanos*: inovando para obter os melhores resultados. 6. ed. São Paulo: Futura, 2001.

Internet

Alcoa Alumínio S.A. Políticas, Visão e Valores e Produtos. Disponível em: <http://myalcoa.soa.alcoa.com/portal/communities/community.asp?UserID=128669&intCommunityIndex=1&intCurrentPageIndex=2&intComCurrentFolder=&CommunityID=368&CommPageID=673>. Acesso em: 29 mar. 2006.

4

Valor agregado da função de recursos humanos: um estudo de caso sob a ótica de dirigentes empresariais

Vivian Neri Scartezini
Silvia Roseli Monego Weindler
Cristiane das Dores Lacerda
André Luiz Fischer

4.1 Introdução

O ambiente contemporâneo, crescentemente competitivo e dinâmico, tem exigido que as empresas adotem práticas de gestão e estruturas organizacionais que as tornem cada vez mais eficientes e voltadas para o mercado. Nesse cenário, a área de recursos humanos tem sido submetida a novos desafios, destacando-se dentre eles a necessidade de demonstrar a sua capacidade de agregar maior valor ao negócio.

De acordo com Galbraith e Lawler III (1995), são duas as maneiras pelas quais a atuação de recursos humanos está sendo solicitada a reagir às demandas do mundo competitivo: redução de custos e valor agregado. A primeira alternativa parece comum às demais áreas da organização, todas se empenham em contribuir para que se ofereçam aos clientes produtos e serviços a preços competitivos. A questão do valor agregado parece mais polêmica e merece uma reflexão mais apurada.

A literatura e a prática profissional de recursos humanos ainda não definiram, de forma consagrada, como a Gestão de Pessoas pode gerar valor agregado à organização. No estudo em questão, pretende-se contribuir para este debate revelando a ótica de presidentes e diretores de diferentes negócios a respeito deste tema.

Partindo da premissa de que a gestão de recursos humanos é mais reconhecida quando, de fato, o gestor de negócio percebe valor adicionado na contribuição de recursos humanos, o trabalho se propôs a pesquisar a visão de executivos de três empresas, que atuam em setores distintos, sobre três questões principais:

Quais os principais desafios dos negócios geridos pelos pesquisados e como recursos humanos pode contribuir para a sua superação?

Como a atuação de recursos humanos é genericamente percebida pelos principais gestores do negócio com destaque para: sua importância, papéis, responsabilidades, competências e proposta de valor?

O que significa valor agregado por recursos humanos para esses gestores e quais as competências que devem ser desenvolvidas pela área para obtê-lo?

Como forma de delimitar o campo e viabilizar a operacionalização dos estudos de caso aqui tratados, considerou-se como gestor de negócio os principais dirigentes das empresas, representados pelos seus presidentes e diretores executivos.

A partir do modelo conceitual proposto por David Ulrich (2000), apresentado mais à frente e, pela experiência das pesquisadoras, algumas hipóteses foram levantadas:

- os gestores reconhecem a importância da área de recursos humanos na obtenção dos resultados do negócio;
- os gestores concordam que a gestão de pessoas na empresa contemporânea pressupõe uma responsabilidade compartilhada entre os gestores de negócio e os profissionais de recursos humanos; porém,
- os gestores não têm uma visão precisa e uniforme sobre como recursos humanos pode agregar valor ao negócio.

Para relatar os resultados obtidos neste estudo, o capítulo foi estruturado em cinco seções. Nesta primeira seção, apresentam-se a introdução e os objetivos de pesquisa; na segunda, desenvolve-se o modelo conceitual, que fundamenta a escolha do tema. Nos demais tópicos, discutem-se a abordagem metodológica adotada para a pesquisa de campo, os resultados encontrados e suas respectivas análises. Finalmente, na quinta seção, estão as considerações finais do estudo.

4.2 Modelo conceitual

Modelos de Gestão de Pessoas são estruturas, processos, sistemas e profissionais especializados que atuam com o objetivo de apoiar a gestão dos contratos psicológicos que predominam em uma organização. De acordo com Fischer (2002), toda e qualquer organização depende do desempenho humano para seu sucesso, por este motivo, elas desenvolvem e organizam uma forma particular de estimular este comportamento: seu modelo de gestão de pessoas. Dentro deste conceito, a rigor, tudo o que interfere ou influencia as relações organizacionais (externa ou internamente) pode ser considerado um elemento importante do modelo de gestão de pessoas de uma empresa.

Tais modelos se desenvolvem ao longo da história de negócios, variando em suas características dependendo de fatores internos e externos à própria organização (FOMBRUM et al., 1984). Os autores da área são unânimes na constatação de que o modelo contemporâneo de gestão de pessoas está fortemente relacionado com a competitividade que se manifesta nos negócios globalizados e pressionados por mudanças tecnológicas e mercadológicas. Esse modelo – caracterizado pelo foco no resultado da organização, pelo estímulo à meritocracia e à aprendizagem organizacional – pode ser denominado como Modelo Competitivo de Gestão de Pessoas (FISCHER, 1998).

Embora não utilize essa nomenclatura, Ulrich (1998), importante referência internacional na área, aponta os desafios organizacionais que vêm demandando um reposicionamento da área de recursos humanos. Dentre eles, destacam-se: a globalização, a mudança permanente, a tecnologia, o capital intelectual, a lucratividade por meio do crescimento da receita e a cadeia de valor organizacional.

Para Ulrich (1998), a globalização exige uma ampliação da capacidade das empresas gerenciarem a diversidade, a complexidade e a ambiguidade, o que implica a adoção de práticas diferenciadas de gestão de pessoas. Para lidar com a mudança permanente, o processo de aprendizagem deve tornar-se mais acelerado, as pessoas são levadas a desenvolver uma atitude de inovação constante e de alinhamento com imperativos estratégicos em permanente transformação. Para Ulrich, é fundamental que a tecnologia – que torna o mundo menor e mais rápido – seja utilizada como aliada estratégica das empresas.

Ulrich (1998) também destaca a atenção para o capital intelectual, que, se bem administrado, pode traduzir-se numa vantagem competitiva essencial das organizações. Quanto à lucratividade por meio do crescimento da receita, o autor explica este desafio como uma combinação entre receita aumentada e custos reduzidos, o que exige das empresas a adoção de decisões relevantes, maior aproximação com o mercado e com os clientes. Por fim, para melhor compreensão e gestão da cadeia de valor organizacional, o autor enfatiza que é mister que as empresas entendam, de fato, todas as atividades e os elos destinados a gerar valor ao cliente, desde a concepção do produto ou serviço até a aquisição final pelo consumidor.

Provenientes destes desafios organizacionais, novas demandas emergem para a área de recursos humanos. Frente a globalização e a competitividade, o recursos humanos é chamada a criar modelos e processos que ajudem as empresas a alcançar eficiência, agilidade, competência local e global. A mudança constante implica uma gestão de pessoas que esteja no mesmo "ritmo e sintonia" das alterações e proposições estratégicas das empresas. A tecnologia inovadora pressupõe um recursos humanos que acompanhe de perto as tendências e saiba utilizá-las de forma produtiva no ambiente de trabalho, usufruindo de todos os benefícios desta ferramenta veloz, acessível e comunitária.

Considerando estes desafios e as correspondentes demandas para recursos humanos, Ulrich (1998) apresenta uma proposição de valor para a área, conforme ilustra a Figura 4.1.

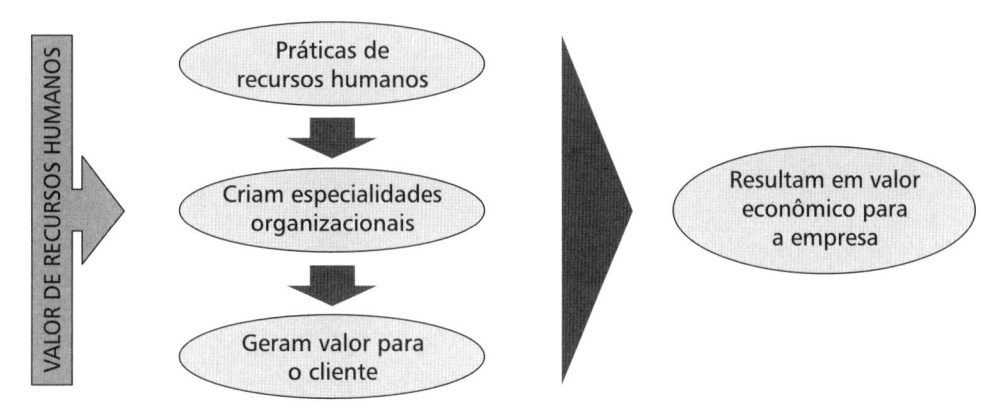

Fonte: Adaptada de Ulrich (1998).

Figura 4.1 *Proposta de valor baseada em Ulrich.*

Conforme destacado na Figura 4.1, de acordo com o autor, a proposta de valor de recursos humanos significa transformar o plano empresarial em práticas de recursos humanos (ações claras e definidas), que criam capacidades organizacionais, que, por sua vez, geram valor ao cliente e, consequentemente, resultam em valor econômico para a empresa.

O modelo teórico de David Ulrich (2000) contempla também quatro fontes de geração de valor em recursos humanos: Canal, Contribuição, Conteúdo e Competência, conforme identificadas na Figura 4.2:

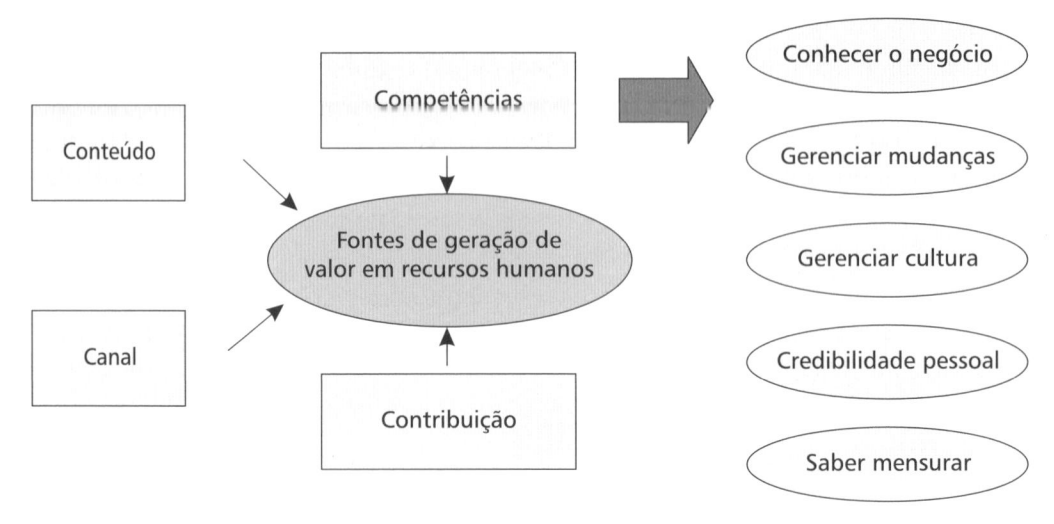

Fonte: Adaptada de Ulrich (2000).

Figura 4.2 *Fontes de geração de valor baseada em Ulrich.*

Para facilitar o entendimento dessas quatro fontes de geração de valor, é possível sintetizar as propostas do autor da seguinte maneira:

- canal: é quem executa o trabalho de recursos humanos (profissionais ou áreas específicas de recursos humanos);
- conteúdo: é o que recursos humanos faz para levar a empresa a competir e a vencer;
- contribuição: é como o recursos humanos trabalha na organização (inspira e treina, transforma ideias em projetos, transforma projetos em ações e assegura que o trabalho seja realizado); e
- competência: é o que o recursos humanos necessita saber (conhecimento) e como tem que fazer (habilidade) suas ações.

Esta última fonte – as competências, destacadas na Figura 4.2 acima – é de extrema relevância para que a empresa perceba efetivamente a atuação estratégica de recursos humanos.

De acordo com a proposta de Ulrich (1998), reconsiderar a criação de valor em recursos humanos significa mais que reduzir custos e simplificar o trabalho; significa reestruturar o pensamento organizacional a partir da percepção dos gestores de negócio. Assim, quando os profissionais de recursos humanos agregam valor, suas responsabilidades e a dos gestores tornam-se complementares, porque eles fazem mais do que aconselhar: na verdade, eles assumem posições e agem para conseguir resultados na empresa, além de procurar pessoas qualificadas para trabalhar com os gestores e não para os gestores, favorecendo que as mudanças ocorram.

Nesse modelo, os resultados de recursos humanos não podem ser analisados independentemente dos resultados financeiros da empresa, já que cada vez mais percebe-se que o alinhamento interno da estratégia da empresa às práticas de recursos humanos e à cultura organizacional é que contribui conjuntamente para o bom desempenho dos negócios. Além disso, a criação de valor e a produção de resultados devem advir de ações percebidas como significativas para o gestor e não reconhecidas como importantes exclusivamente pelos profissionais de recursos humanos. A percepção do gestor, segundo o autor, deve ser referência para a atuação de recursos humanos.

Com base neste raciocínio, Ulrich (2000) elenca então quatro papéis que, desempenhados pelos profissionais de recursos humanos, possibilitam ao gestor perceber essa atuação mais estratégica da área de recursos humanos. Para a área adicionar valor em organizações cada vez mais complexas, deve desempenhar também papéis cada vez mais complexos e às vezes paradoxais. São eles: agente de mudança, especialista administrativo, defensor dos funcionários e parceiro estratégico. O exercício destes papéis deve corresponder à necessidade de cada gestor.

No papel de Agente de Mudança, conforme explica Ulrich (2000), é necessário que recursos humanos ajude a organização a substituir a resistência à mudança pela resolução, o planejamento pelos resultados e o medo da mudança pelo entusiasmo. Já no papel de especialista administrativo, recursos humanos deve entender que a melhoria da eficiência aumenta a sua credibilidade no âmbito organizacional, o que significa mudar o patamar apenas da valorização do contato pessoal e do relacionamento para resultados eficientes provenientes de serviços de qualidade.

Para exercer o papel de Defensor dos Funcionários, o recursos humanos deve ficar atento às reais necessidades dos funcionários e não agir em função de suposições, pois para a empresa o comprometimento dos funcionários é um fator crítico de sucesso. Por fim, atuar como parceiro estratégico nas empresas requer que recursos humanos saiba conduzir um diagnóstico organizacional, liderando um diálogo sobre as condições atuais e os projetos da empresa e sobre as condições necessárias para a execução da estratégia. Esse diagnóstico organizacional, para Ulrich (2000), deve refletir a passagem da proposta estratégica da empresa para a ação, transformando declarações, desejos e intenções (visão, missão e metas organizacionais) em um conjunto de ações concretas.

Segundo Ulrich (2000), para exercer adequadamente estes papéis, devem ser avaliados dois eixos de atuação de recursos humanos, conforme demonstrado na Figura 4.3: o foco, em duas esferas – operacional e estratégica (com ações de curto e longo prazo, respectivamente) e, as atividades, em dois aspectos – processos e pessoas.

Estratégia (longo prazo)

Parceiro estratégico

Pessoas — Defensor dos funcionários — Papel de recursos humanos — Agente de mudança — Processos

Especialista administrativo

Operacional (curto prazo)

FOCO

ATIVIDADES

Fonte: Adaptada de Ulrich (2000).

Figura 4.3 *Papéis do recursos humanos baseada em Ulrich.*

De acordo com o quadro referencial adotado, o que sintetiza o exercício do papel de recursos humanos nas empresas é contribuir para que o sucesso organizacional seja fruto de uma gestão de pessoas realizada a partir da transformação da visão e estratégia empresariais em resultados e do potencial dos funcionários em desempenho superior.

Assim, segundo David Ulrich (2000), gerar valor na atuação de recursos humanos significa: alinhar a gestão de recursos humanos aos projetos de negócios e à estratégia da empresa; focar o pensamento em termos de eficiência e contribuição para resultados; incorporar o conceito de que capital humano é o principal ativo da empresa e assumir que gestão de pessoas é uma responsabilidade compartilhada. Nas empresas pesquisadas neste capítulo, buscou-se então identificar, junto aos gestores de negócio, como eles percebem as propostas de valor das respectivas áreas de recursos humanos, quais as competências necessárias aos profissionais desta área e quais os papéis mais valorizados na atuação de recursos humanos.

4.3 Abordagem metodológica

A opção por utilizar pesquisa qualitativa neste capítulo teve como finalidade compreender melhor o fenômeno, segundo a perspectiva dos participantes na situação estudada: os dirigentes empresariais. Segundo Godoy (1995, p. 21),

> "nos estudos denominados qualitativos, um fenômeno pode ser compreendido no contexto em que ocorre e do qual é parte, devendo ser analisado de forma integrada. Para tanto, o pesquisador vai a campo buscando captar o fenômeno em estudo a partir da perspectiva das pessoas nele envolvidas, considerando todos os pontos de vista relevantes. Vários tipos de dados são coletados e analisados para que se entenda a dinâmica do fenômeno".

Também pelo fato de o fenômeno estudado ser recente, optou-se por uma abordagem exploratória utilizando-se da metodologia de estudo de casos múltiplos. A lógica subjacente ao uso desta metodologia, conforme Yin (2001), é que cada caso deve ser cuidadosamente selecionado e analisado de forma a prever resultados semelhantes (reprodução literal) ou gerar resultados opostos por razões previsíveis (replicação teórica). Cada caso em particular, segundo o autor, deve consistir em um estudo completo, no qual se procuram provas convergentes com respeito aos fatos e às conclusões para a situação.

Selttiz et al. (1975) afirmam que o estudo exploratório conduz apenas a informações ou hipóteses. Por isso, a situação real das empresas estudadas não pode servir como fonte de intervenção em outras organizações, mas deve ser considerada apenas como um passo inicial, possibilitando posteriormente um estudo mais controlado, com aprofundada verificação e aplicação das hipóteses sugeridas.

O levantamento de dados foi efetuado por meio de 15 entrevistas semiestruturadas, aplicadas aos principais dirigentes de cada empresa. Essa ferramenta de investigação permitiu às pesquisadoras abordar aspectos específicos, possibilitando a averiguação dos conceitos teóricos do modelo conceitual escolhido, bem como o entendimento de cada caso com maior objetividade, sem desviar a pesquisa para as suas próprias percepções.

As entrevistas foram realizadas com a duração aproximada de uma hora e meia, de maneira a permitir que os envolvidos tivessem liberdade para expressar suas opiniões e comentários. Buscou-se investigar, nestes contatos, como os gestores das empresas pesquisadas percebem o valor agregado na atuação de recursos humanos, quais as competências necessárias aos profissionais desta área e quais os principais papéis que devem ser exercidos por estes profissionais, visando identificar, nas diferentes realidades empresariais, os aspectos tratados no modelo conceitual escolhido.

PERFIL DAS EMPRESAS

A pesquisa aqui apresentada concentrou-se em três casos de diferentes segmentos: financeiro, transporte coletivo urbano e comércio varejista, representados, respectivamente pelas empresas, Banco ABN AMRO Real, Viação Santa Brígida e Cia. Brasileira de Distribuição (unidade Pão de Açúcar). Essas empresas foram escolhidas pela expressiva diferenciação perante a concorrência, significativo posicionamento no mercado, foco direcionado no atendimento qualificado ao cliente, práticas diferenciadas na gestão de seus recursos humanos, facilidade de acesso às pesquisadoras e, principalmente, pela riqueza de informações que os diferentes contextos organizacionais em que estão inseridas poderia trazer para esse projeto.

Segue uma breve descrição de cada uma das organizações:

O Banco ABN AMRO Real é uma instituição financeira, de origem holandesa, presente em mais de 53 países e, no Brasil desde 1917, vem atuando em todos os segmentos do mercado financeiro. Ocupa o quinto lugar no *ranking* dos bancos privados e tem como missão: "Satisfazer o cliente, gerando valor para os acionistas, funcionários e comunidade, através de uma postura ética nos negócios, diferenciando-se pela qualidade dos produtos, serviços e, especialmente, pelo atendimento."

A Viação Santa Brígida é uma empresa prestadora de serviços no ramo de transporte urbano de passageiros, em ônibus, no município de São Paulo. Constituída em 1960, opera numa das mais modernas garagens do país, com a missão: "Transportar pessoas, buscando a excelência no atendimento aos clientes."

A Unidade de Negócios Pão de Açúcar – SP é uma rede de supermercados de vizinhança, localizada no estado de São Paulo e pertencente à Companhia Brasileira de Distribuição, cuja missão é "Vender qualidade de vida". Constituído em 1948, o Pão de Açúcar destaca-se pelo elevado sortimento de produtos, pelo ambiente agradável e inovador e pelo atendimento personalizado aos clientes.

4.4 Resultados encontrados

Visando identificar o quanto o modelo conceitual escolhido se alinhava com a realidade das empresas pesquisadas, verificou-se junto aos dirigentes entrevistados quais eram os principais desafios organizacionais de suas empresas na época da realização da pesquisa. Eles destacaram que esses desafios relacionam-se principalmente à expansão e a ganhos de mercado, à conquista e à manutenção de clientes cada vez mais exigentes, ao desenvolvimento das lideranças, à responsabilidade social e ao equilíbrio entre pessoas motivadas e processos eficientes. Esses dados podem ser melhor identificados no Quadro 4.1.

Quadro 4.1 *Desafios organizacionais.*

Empresas	Principais desafios organizacionais
Banco ABN AMRO Real	• equilíbrio entre pessoas motivadas e processos eficientes; • diferenciação perante a concorrência; • compromisso com o cliente (tecnologia, produto e governança corporativa); • gestão integrada e diferenciada de comunicação (interna e externa); • mudança de cultura da empresa; • responsabilidade social; • relacionamento duradouro × venda de produtos.
Viação Santa Brígida	• conquistar o cliente em um sistema desacreditado e precário; • ser competitivo lidando com uma concorrência desleal; • trabalhar sob contratos emergenciais; • ter competência e flexibilidade para adequar-se à nova estrutura do sistema de transporte (consórcio).
Pão de Açúcar	• expansão e ganhos de mercado; • ter agilidade (tecnologia, informação e atendimento); • redução de custos; e • melhor qualificação de líderes e de equipes.

Foi possível verificar também que um desafio é comum às três organizações pesquisadas: *a necessidade de adaptação permanente às mudanças e à velocidade em que elas ocorrem*. Isso significa que independentemente do tamanho e das adversidades externas, a capacidade de fazer ajustes e adaptações rápidas contribui para o desempenho das empresas em seus mercados.

Outro aspecto pesquisado junto aos dirigentes refere-se à percepção deles sobre as propostas de valor contidas nas ações da área de recursos humanos. Conforme demonstrado no Quadro 4.2, **na sequência**, a atuação de recursos humanos é percebida como contributiva para o sucesso organizacional, independentemente se essa contribuição ocorre direta ou indiretamente, de forma tangível ou intangível. Essa proposta de valor, segundo os pesquisados, deve ser mais direcionada para aquilo que é entregue à organização (resultados) e não para aquilo que é feito na área de recursos humanos (atividades).

Quadro 4.2 *Propostas de valor.*

Empresas	Propostas de valor de recursos humanos
Banco ABN AMRO Real	• resultado positivo na pesquisa de clima (índices de favorabilidade elevados); • alinhamento das diretrizes estratégicas em todos os níveis da estrutura organizacional; • mudança e capacitação da liderança; • trabalho de consultoria interna nas áreas; • evolução e crescimento dos funcionários.
Viação Santa Brígida	• resultado positivo na pesquisa de clima; • operação da empresa em dias de greve; • nível de satisfação do cliente externo.
Pão de Açúcar	• programa de combate às quebras/desperdícios; • *part time* – redução do custo de pessoal das lojas sem prejuízo da qualidade de atendimento; • programas multifuncionais de excelência em serviços; • criação de uma cultura com foco em atendimento diferenciado.

Tais constatações mostram-se coerentes com a abordagem de Ulrich (1998), na qual a proposta de valor de recursos humanos deve dar sustentação à estratégia de negócios e ser facilitadora do alcance dos resultados organizacionais.

A pesquisa também demonstrou, conforme indicado no Quadro 4.3, o reconhecimento e a importância das principais competências para os profissionais de recursos humanos: conhecimento do negócio, gerenciamento de mudança, gerenciamento de cultura, credibilidade pessoal, saber mensurar e ter tecnologia, reforçando os dados encontrados no quadro referencial de David Ulrich (2000).

Quadro 4.3 *Principais competências de recursos humanos.*

Empresas	Competências de recursos humanos		
Banco ABN AMRO Real	Credibilidade pessoal Monitorar a cultura Conhecer o negócio	Gerenciar mudança Formar líderes Ser *coach* dos gestores	Saber mensurar Ter tecnologia
Viação Santa Brígida	Saber mensurar Ter tecnologia	Gerenciar mudança Credibilidade pessoal	Conhecer o negócio Gerenciar cultura
Pão de Açúcar	Conhecer o negócio Credibilidade pessoal Gerenciar mudança	Gerenciar cultura	Saber mensurar Ter tecnologia

No Banco ABN AMRO Real, segundo seus principais dirigentes, para poder atender às necessidades organizacionais, o recursos humanos deve possuir as seguintes **competências**: conhecer o negócio, gerenciar mudanças, monitorar a cultura e ter credibilidade pessoal. Já na Viação Santa Brígida, de acordo com seus executivos, as competências dos profissionais da área de recursos humanos destacadas como relevantes são: ter tecnologia e instrumentos técnicos adequados, além da capacidade de mensurar, gerenciar mudanças e ter credibilidade pessoal. Como competências complementares apareceram: gerenciar cultura e ter conhecimento do negócio. No Pão de Açúcar, conforme seus dirigentes, conhecimento do negócio é unanimemente a principal competência para recursos humanos fazer a diferença, seguida de credibilidade pessoal e capacidade para gerenciar mudanças.

Os dados do Quadro 4.3 indicam que, independentemente da empresa, o recursos humanos de e estabelecer um adequado balanceamento entre todas as competências, de forma que o resultado final entregue à organização seja fruto de um trabalho realizado com seriedade, profundidade, embasamento técnico, engajamento e profissionalismo. A presença e o equilíbrio entre essas competências também foi salientado por Ulrich (2000), ao abordar as fontes de geração de valor na área de recursos humanos.

Perguntados diretamente sobre qual o valor agregado percebido na atuação de recursos humanos, os dirigentes empresariais consultados destacaram a contribuição para a eficiência e para o desenvolvimento sustentável das organizações, através de uma atuação mais estratégica identificada no Quadro 4.4.

Quadro 4.4 *Valor agregado por recursos humanos.*

Empresas	Valor agregado de recursos humanos (resultados e percepção)
Banco ABN AMRO Real	CRESCIMENTO SUSTENTÁVEL por meio de: • desenvolvimento das lideranças; • engajamento das equipes; • foco em resultados; • conduta ética, objetivos comuns e satisfação dos clientes externos.
Viação Santa Brígida	EFICIÊNCIA EMPRESARIAL por meio de: • desenvolvimento das lideranças; • monitoramento do clima organizacional; • foco em produtividade; • estímulo ao comprometimento dos funcionários; • satisfação do cliente externo.
Pão de Açúcar	CRESCIMENTO SUSTENTÁVEL por meio de: • desenvolvimento das lideranças; • diagnóstico/suporte/influência; • ações alinhadas com metas e objetivos do negócio; • satisfação dos funcionários.

Em termos gerais, foi mencionado pelos entrevistados que a contribuição de recursos humanos é intangível, mas os reflexos desta atuação são fácil e rapidamente percebidos. Para entender melhor o que significava essa atuação mais estratégica e de valor realizada por recursos humanos nas empresas, buscou-se identificar a que ações mais concretas os dirigentes estavam se referindo em cada empresa.

O grupo de dirigentes entrevistados no Banco ABN AMRO Real destacou as seguintes atividades: selecionar profissionais adequados; desenvolver líderes e funcionários; implantar benefícios diferenciados e programas de remuneração variável que estimulem a geração de resultados; identificar os pontos positivos e os pontos de atenção das áreas; apoiar nas decisões referentes à pessoas; contribuir na definição e implementação dos planos de ação decorrentes das pesquisas de clima; mudar a cultura da empresa e contribuir na formação das pessoas como cidadãos.

Na Viação Santa Brígida, a contribuição mais estratégica de recursos humanos é percebida pelo seu impacto nos resultados da pesquisa de clima organizacional. Nesta pesquisa, identifica-se o nível de comprometimento das pessoas, pela operação da empresa em dias de greve, pelo nível de satisfação do cliente – fortemente ligado à eficácia dos programas de desenvolvimento – e pela diminuição do índice de absenteísmo. O absenteísmo é comum no setor, mas para a Santa Brígida precisa ser intensivamente cuidado para que sua missão seja, de fato, realizada.

Além disso, os dirigentes também percebem que o recursos humanos agrega valor quando fornece o suporte necessário para estimular o comprometimento dos funcionários, quando oferece ao negócio pessoas bem selecionadas e treinadas, o que resulta em produtividade. O valor adicional também é percebido na Viação Santa Brígida, quando o recursos humanos ajuda a humanizar as relações, tornando-as menos áridas; quando comunica e apoia o gestor; quando contribui para a redução de acidentes e quando trabalha para o bem-estar e saúde do colaborador.

No Pão de Açúcar, conforme o Quadro 4.4, a contribuição estratégica de recursos humanos passa pelo desenvolvimento da liderança, de forma que eles possam aplicar, vivenciar, tomar decisões e "dar o ritmo" para gerenciar o negócio e as pessoas. De acordo com o grupo consultado, cabe aos profissionais de recursos humanos participar do cotidiano, fazer diagnósticos, influenciar decisões, desenvolver soluções através de ferramentas, produtos e metodologias, para que os gestores tenham o melhor suporte para gerenciar pessoas. Os executivos do Pão de Açúcar também acreditam na responsabilidade compartilhada entre os gerentes de linha e recursos humanos, mas essa divisão de papéis ainda não é claramente estabelecida.

Nas três empresas pesquisadas os gestores citaram, espontaneamente, ações da área de recursos humanos que não agregam valor às organizações. São elas: excesso de burocracia, falta de alinhamento com a estratégia e também quando a área assume responsabilidades que deveriam ser responsabilidade do gestor. Esses aspectos não foram identificados no modelo teórico de Ulrich (2000), mas foram considerados dignos de menção no trabalho, por terem sido apontados por quase todos os entrevistados.

De forma congruente com a abordagem conceitual proposta por Ulrich (2000), os dirigentes entrevistados ressaltaram a importância dos profissionais de recursos humanos desempenharem os quatro papéis propostos pelo autor. Para isso, levaram-se em consideração o contexto organizacional e de mercado, o momento e o ritmo de cada área, a capacitação dos profissionais envolvidos, o nível de maturidade dos gestores e a dinâmica interna das diferentes equipes, conforme demonstrado no Quadro 4.5.

Quadro 4.5 *Papéis de recursos humanos.*

Empresas	Papéis de recursos humanos
Banco ABN AMRO Real	O papel mais destacado pelo grupo entrevistado foi o de Parceiro Estratégico, seguido do de Especialista Administrativo. Já os papéis de Agente de Mudanças e Defensor dos Funcionários foram considerados secundários, mas entendidos como igualmente importantes, necessários e mobilizadores.
Viação Santa Brígida	Aqui, o papel em destaque é o do Agente de Mudança, seguido do de Parceiro Estratégico. Em segundo plano, vêm os papéis de Defensor dos Funcionários e Especialista Administrativo.
Pão de Açúcar	A atuação como Especialista Administrativo e Defensor dos Funcionários é mais fortemente percebida como importante. Já os papéis de Agente de Mudanças e de Parceiro Estratégico foram citados posteriormente.

O papel mais destacado pelo grupo entrevistado foi o de Parceiro Estratégico e, em seguida, o de Especialista Administrativo, uma vez que o aumento da eficiência nos processos e sistemas de recursos humanos pode contribuir para uma maior produtividade na organização. Nas três empresas, assim como no modelo teórico, foi salientada a necessidade de equilíbrio entre estes papéis na atuação de recursos humanos, para que a contribuição fosse mais efetiva.

Analisando então os três estudos de caso, a partir dos dados coletados junto aos principais dirigentes das empresas, pode-se constatar que são cada vez mais enfatizadas a importância e a necessidade da área de recursos humanos estar: próxima ao negócio, voltada à construção e à manutenção de um clima interno favorável, preocupada com o desenvolvimento das lideranças e, principalmente, focada em ações que estimulem o comprometimento dos funcionários. É dessa forma que, efetivamente, recursos humanos será percebido como uma área criadora de valor.

Para facilitar a compreensão da análise efetuada neste estudo de casos múltiplos sem, todavia, fazer um comparativo entre as empresas, buscou-se através de um quadro resumo, conforme demonstrado no Quadro 4.6, alinhar os principais aspectos encontrados nas entrevistas realizadas junto às três empresas e os itens abordados no modelo conceitual de Ulrich (2000). Além disso, também foram destacadas algumas citações dos respectivos dirigentes como depoimentos exclusivos ao trabalho.

Quadro 4.6 *Quadro resumo.*

Referencial teórico	Empresas		
	Banco ABN AMRO Real	**Viação Santa Brígida**	**Pão de Açúcar**
Ambiente Organizacional (desafios)	• diferenciação da concorrência; • equilíbrio de pessoas motivadas × processos eficientes; • compromisso com cliente; • gestão integrada e diferenciada de comunicação; • mudança de cultura; • responsabilidade social; • relacionamento duradouro × venda de produtos.	• conquistar o cliente em um sistema desacreditado; • ser competitivo; • contratos emergenciais; • ter competência e flexibilidade para lidar no sistema de consórcio.	• expansão; • ter agilidade (tecnologia e atendimento); • redução de custos; • maior qualificação de líderes e equipes.
Propostas de Valor (contribuições de recursos humanos)	• pesquisa de clima; • alinhamento geral das diretrizes e estratégias; • capacitação da liderança; • consultoria interna; • evolução dos funcionários.	• resultado positivo na pesquisa de clima; • operação da empresa em dias de greve; • nível de satisfação do cliente externo.	• programa de combate ao desperdício; • redução do custo de pessoal; • excelência em serviços; • atendimento diferenciado.
Competências (fontes de geração de valor)	• credibilidade pessoal; • monitorar a cultura; • conhecer o negócio.	• saber mensurar; • ter tecnologia.	• conhecer o negócio; • credibilidade pessoal; • gerenciar mudança.
Valor agregado por recursos humanos (forma de avaliação)	• desenvolvimento de liderança; • engajamento de equipes; • foco em resultados; • conduta ética, objetivos; comuns e satisfação do cliente.	• desenvolvimento liderança; • foco em produtividade; • gerar comprometimento; • monitorar clima; • satisfação do cliente.	• desenvolvimento de liderança; • diagnóstico, suporte e influência; • alinhamento ações de recursos humanos às metas do negócio; • satisfação dos funcionários.
Papel de recursos humanos	• equilíbrio entre os quatro papéis, com destaque para Parceiro Estratégico, seguido do de Especialista Administrativo.	• equilíbrio entre os quatro papéis, com destaque para Agente de Mudança, seguido do de Parceiro Estratégico.	• equilíbrio entre os quatro papéis, com destaque para Especialista Administrativo e Defensor dos Funcionários.
Citações dos dirigentes	"Apesar de trabalhar nos bastidores, Recursos Humanos tem a mesma importância e destaque de quem está atuando no palco."	"Recursos Humanos agrega valor quando ajuda a humanizar as relações, tornando-as menos áridas."	"No nosso negócio capacitamos gente que lida com gente; por isso, precisamos desenvolver não somente novas competências organizacionais, mas competências relacionais."

Analisando o Quadro 4.6, podemos resumir a atuação e o valor agregado pela área de recursos humanos da seguinte forma:

- para o Banco ABN AMRO Real, a atuação de recursos humanos deve estar vinculada a sua estratégia de desenvolvimento sustentável e isso envolve: desenvolvimento das lideranças, engajamento das equipes e foco em resultados, obtidos com conduta ética, objetivos comuns, valores corporativos compartilhados, relacionamento próximo aos gestores e preocupação com a satisfação do cliente;

- já na Viação Santa Brígida, os dirigentes salientam que recursos humanos não só está alinhado com as metas, mas que, principalmente, faz parte das estratégias organizacionais, sendo uma de suas bases de sustentação. O grupo entrevistado percebe a área de recursos humanos como um verdadeiro parceiro e principal assessor da empresa;

- no Pão de Açúcar, a ênfase é a de que o papel de recursos humanos cresce na medida em que os profissionais desta área entendem as reais necessidades do negócio. Para isso, também se faz necessário adequar a linguagem e os mecanismos utilizados em gestão de pessoas.

4.5 Considerações finais

A literatura indica que a área de recursos humanos nas organizações deve atuar cada vez mais de forma estratégica, buscando constantemente antever o perfil de habilidades e competências necessárias para o futuro do negócio, ao mesmo tempo em que monitora e mantém um clima interno sadio e aberto à inovação. Por esse motivo, procuramos investigar nesse capítulo como os gestores de negócios, representados pelos principais dirigentes das empresas – Presidente e Diretores Executivos –, em diferentes organizações, percebem o que representa valor agregado na atuação da área de recursos humanos e como essa atuação pode contribuir para a sustentação e perenidade das empresas.

Os resultados encontrados demonstram que a atuação de recursos humanos deve ser avaliada dentro do contexto organizacional em que ela está inserida e a partir da construção de um trabalho de parceria desenvolvido junto às demais áreas. É o conjunto dessas ações integradas com as outras áreas e os gestores, que produz resultados positivos para a organização e não a execução de ações desconectadas da estratégia empresarial.

Embora não seja conclusivo, este capítulo permitiu identificar certa homogeneidade de percepções entre os dirigentes pesquisados quanto à importância da formação de parcerias internas e do alinhamento estratégico de recursos humanos. Esses dois aspectos parecem ser fundamentais na atuação da área nas três organizações amostradas. Outra constatação igualmente relevante é de que não se encontra, entre os pesquisados, uma visão única, precisa e consolidada de como medir a adição de valor que o recursos humanos traz ao negócio.

Para os dirigentes entrevistados, a percepção do valor agregado da área de recursos humanos está menos relacionada aos instrumentos de medição e muito mais voltada à busca do fortalecimento da construção de parcerias internas. Aliás, vale destacar também que a maior parte dos dirigentes consultados teve dificuldade em explicar objetivamente como é possível medir o valor adicionado da atuação de recursos humanos. Porém, eles afirmaram que os impactos das ações promovidas pela área, ou o impacto da ausência delas, é facilmente notado e apresenta expressivos reflexos na organização.

Essa constatação pode levar à conclusão de que saber como mensurar o valor agregado da atuação da área de recursos humanos pode ser mais uma necessidade dos profissionais desta área do que propriamente uma demanda dos gestores de negócio.

Os resultados obtidos com esta pesquisa abrem perspectivas para estudos posteriores em que possa se buscar, junto a um universo maior de dirigentes, se realmente é possível uma visão precisa e homogênea sobre o valor agregado da área de recursos humanos. Outro aspecto que merece ser abordado em trabalhos futuros é a inclusão da visão dos profissionais da área de recursos humanos e de outros níveis da organização – gerentes, coordenadores e funcionários – sobre este tema. Tal abordagem permitiria uma interessante comparação entre diferentes percepções que podem entrar em conflito e influenciar na aplicação das estratégias de recursos humanos.

O aprofundamento da teoria e o contato dos pesquisadores com as empresas e seus dirigentes resultaram também em algumas reflexões que não podem ser comprovadas pelos achados empíricos, mas que merecem ser relatadas. Pode-se então concluir que, embora o valor de recursos humanos seja predominantemente intangível, variável entre as organizações e impreciso na visão dos gestores, três condições são fundamentais para que ele seja percebido: (1) que o recursos humanos seja capaz de entender as expectativas dos gestores; (2) que seja eficiente e visionário no alinhamento das práticas de recursos humanos às metas empresariais; (3) que saiba aceitar que o valor da atuação desta área é atribuído pelo gestor do negócio e não pela própria área.

Portanto, adicionar valor às organizações significa atuar como um gestor de negócio, equilibrando o paradoxo de ser compreensivo e competitivo e de se preocupar com pessoas e com lucro. Além disso, significa também desenvolver soluções em vez de programas; identificar reais necessidades e buscar atendê-las, e inovar e ser fonte de ideias, mais do que criador de ferramentas.

Enfim, se as empresas precisam das pessoas, as pessoas também precisam das organizações para alcançar sucesso, qualidade de vida e felicidade. É nessa convergência que o recursos humanos pode contribuir mais fortemente, alinhando as necessidades dos clientes, as expectativas da comunidade, o retorno para os acionistas e a realização dos funcionários que lá trabalham.

Referências

FISCHER, A. L. *A constituição do modelo competitivo de gestão de pessoas*. 1998. Tese (Doutoramento) – PPGA/FEA-USP, Mimeo, São Paulo.

_____. Um resgate conceitual e histórico dos modelos de gestão de pessoas. In: Vários autores. *As pessoas na organização*. São Paulo: Gente, 2002.

FROMBRUN, C. J.; TICHY, N. M.; DEVANNA, M. A. *Strategic human resource management*. Canada: John Wiley, 1984.

GALBRAITH, Jay R.; LAWLER III, Edward E.; Associados. *Organizando para competir no futuro*. São Paulo: Makron Books, 1995.

GODOY, A. S. Pesquisa qualitativa: tipos fundamentais. *Revista de Administração de Empresas*, São Paulo, v. 35, nº 3, p. 20-29, maio/jun. 1995.

SELTTIZ et al. *Métodos de pesquisa nas relações sociais*. São Paulo: EP, Edusp, 1975.

ULRICH, David. *Os campeões de recursos humanos*: inovando para obter os melhores resultados. Tradução de Cid Knipel. São Paulo: Futura, 1998.

_____. *Recursos humanos estratégicos*: novas perspectivas para os profissionais de RH. Tradução de Cristina Bazan, Bazan Tecnologia e Linguística. São Paulo: Futura, 2000.

YIN, Robert K. *Estudo de caso*: planejamento e métodos. Tradução de Daniel Grassi – 2. ed. Porto Alegre: Bookman, 2001.

5

Utilizando o *Balanced Scorecard* para uma atuação estratégica de recursos humanos

Leliane Tursi Penteado Silva
Monica Viveiros Correia
Lindolfo Galvão de Albuquerque

5.1 Introdução

Neste capítulo, procuramos demonstrar como a ferramenta de BSC – *Balanced Scorecard* pode contribuir para a atuação estratégica de recursos humanos, elevando o desempenho da organização e gerando diferencial competitivo. Assim, o recursos humanos, ao conhecer esta metodologia, assume o papel de parceiro estratégico e agente de mudança na implementação da estratégia.

A essência para a conquista desse objetivo é não só utilizar a ferramenta, mas sim garantir que a metodologia seja aplicada na íntegra, assegurando o envolvimento da Alta Administração, o engajamento e a prontidão na comunicação transparente aos profissionais, bem como um ambiente propício para o *feedback* do processo, gerando um PDCA (sigla em inglês de Planejar, Fazer, Verificar e Agir). Para tanto, os cenários atuais e possíveis precisam ser discutidos, compartilhados e implantados.

Além disso, a implementação da estratégia está ligada a vários fatores como: capacidade da liderança em articular a estratégia e comunicá-la bem a toda organização, criação de novas competências na empresa e nos profissionais, transformação da cultura organizacional, desenvolvimento de espírito de equipe, entre outros.

O importante não é somente medir e monitorar o desempenho financeiro, mas também e ao mesmo tempo, medir e monitorar "o progresso na construção de capacidades e na aquisição dos ativos intangíveis necessários para o crescimento futuro da empresa" (KAPLAN; NORTON, 1997). Em evolução à aplicação dessa ferramenta, observou-se que uma boa prática é que as discussões estratégicas sejam descentralizadas e desdobradas para os níveis tático-operacionais. A primeira discussão deve responder "se estamos executando bem nossa estratégia?" e é conduzida pela liderança da empresa tendo como objetivo revisar o progresso da estratégia. A segunda discussão responde se "nossas operações estão sobre controle?" e é conduzida pelos departamentos junto com os seus funcionários, tendo por objetivo analisar as ações de curto prazo e examinar o desempenho dos processos críticos para a melhoria contínua.

Para dar subsídio na aplicação do *Balanced Scorecard*, serão exploradas as dimensões clássicas e os princípios da ferramenta desenvolvida pelos autores. Também nas páginas seguintes, demonstraremos a utilização da ferramenta de *Balanced Scorecard* para traduzir a estratégia em termos operacionais e abordaremos o recursos humanos no papel de gerador de produtos estratégicos, e **não** como implantador de técnicas com baixa contribuição para a vantagem competitiva.

Como anexo, apresentamos um "Guia para Implementação do *Balanced Scorecard*" contendo os principais passos e alguns exemplos de "Indicadores de Gestão de Pessoas". Tal Guia e exemplos são baseados em nossa pesquisa de campo.

5.2 Referencial teórico

Em 1990, David Norton, o executivo principal do Norlan Norton e Robert Kaplan, o consultor acadêmico da Universidade de Harvard, conduziram uma pesquisa para analisar se as organizações estavam satisfeitas com os indicadores de gestão e com a forma de perpetuação na medição do desempenho das empresas. A pesquisa revelou que as empresas tinham necessidade de ampliar seus sistemas de mensuração e que os indicadores financeiros mostravam-se incapazes de refletir a contribuição que os ativos intangíveis geravam. Então, eles propuseram que os indicadores financeiros fossem complementados com medidas sobre os clientes, os processos internos/inovação e aprendizado, criando assim as quatro perspectivas do *Balanced Scorecard*.

A construção do *Balanced Scorecard* prevê que sejam adotados indicadores balanceados, que expressem a relação de causa e efeito entre as principais ações e os objetivos almejados. Para tanto, devemos escolher e acompanhar indicadores que demonstrem se ações planejadas coletivamente e executadas isoladamente estão contribuindo para com a implantação da estratégia. A mensuração é um fator para gerenciarmos a implantação da estratégia e para motivarmos os profissionais para a sua implementação.

Em 1996, após algumas implementações, foi constatado que as empresas estavam usando o *Balanced Scorecard* para a execução da estratégia e, em consequência, todos os processos gerenciais críticos se concentravam em torno dela. Com esse foco, surgiu um novo modelo de gestão organizacional, denominado por eles de "Organização Orientada para Estratégia", a qual utilizava o *Balanced Scorecard* como principal ferramenta.

Outra conclusão de Norton e Kaplan foi de que a criação de valor nas empresas migrava dos ativos tangíveis para os intangíveis.

A proposta inicial do *Balanced Scorecard* era responder como ajudar as empresas a traduzirem e a implementarem a sua missão e estratégia através de um conjunto de indicadores de desempenho. No entanto, a ferramenta permitiu que as empresas acompanhassem o desempenho financeiro, considerando também a capacidade de inovar, a melhoria percebida pelos clientes internos e externos e o aprendizado organizacional.

A implantação do *Balanced Scorecard* requer metodologia de trabalho e um modelo de gestão de pessoas participativo. Essa metodologia possibilita o desdobramento da visão e da estratégia, a interdependência dos objetivos e o alinhamento estratégico; já como modelo de gestão de pessoas, permite a comunicação eficaz e a compreensão da visão e da estratégia em todos os níveis; o planejamento e estabelecimento de metas mensuráveis, o incentivo à adoção de *feedback* e a relevância do aprendizado organizacional.

O *Balanced Scorecard* converte a estratégia em um sistema integrado com quatro perspectivas: Financeira, Cliente, Processos Internos e Aprendizado e Crescimento, conforme demonstramos na Figura 5.1.

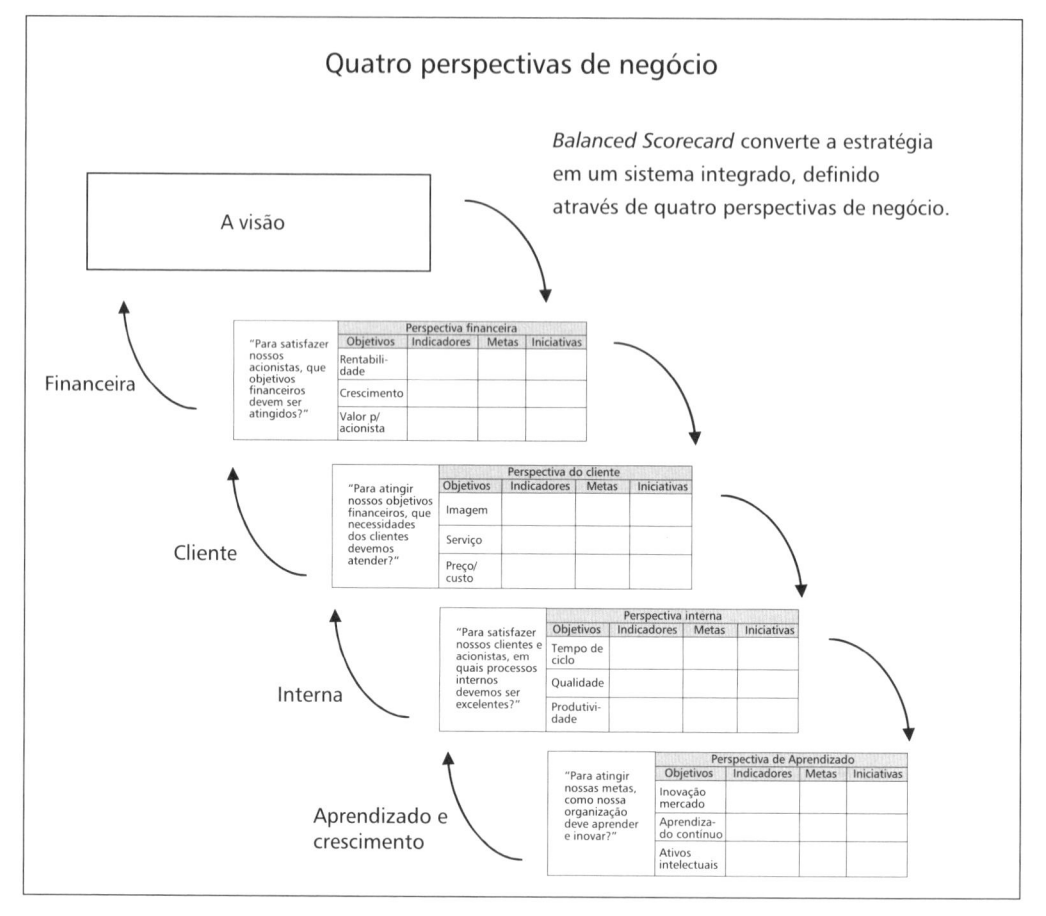

Quatro perspectivas de negócio

Balanced Scorecard converte a estratégia em um sistema integrado, definido através de quatro perspectivas de negócio.

A visão

Financeira — "Para satisfazer nossos acionistas, que objetivos financeiros devem ser atingidos?"
Perspectiva financeira: Objetivos | Indicadores | Metas | Iniciativas
- Rentabilidade
- Crescimento
- Valor p/ acionista

Cliente — "Para atingir nossos objetivos financeiros, que necessidades dos clientes devemos atender?"
Perspectiva do cliente: Objetivos | Indicadores | Metas | Iniciativas
- Imagem
- Serviço
- Preço/custo

Interna — "Para satisfazer nossos clientes e acionistas, em quais processos internos devemos ser excelentes?"
Perspectiva interna: Objetivos | Indicadores | Metas | Iniciativas
- Tempo de ciclo
- Qualidade
- Produtividade

Aprendizado e crescimento — "Para atingir nossas metas, como nossa organização deve aprender e inovar?"
Perspectiva de Aprendizado: Objetivos | Indicadores | Metas | Iniciativas
- Inovação mercado
- Aprendizado contínuo
- Ativos intelectuais

Fonte: Kaplan; Norton (2001).

Figura 5.1   *As quatro perspectivas do* Balanced Scorecard.

Perspectiva financeira: indica se a implementação e a execução da estratégia estão colaborando para os resultados financeiros almejados.

Perspectiva do cliente: escolhe o segmento e clientes-alvo, para que posteriormente mensure a participação da empresa no mesmo.

Perspectiva dos processos internos: identifica quais são os pontos críticos do processo que devem ser superados e a necessidade de novos processos para atender melhor o mercado, contemplando a inovação.

Perspectiva do aprendizado e crescimento: garante se há pessoas, sistemas e procedimentos que sustentem o intento estratégico. Essa perspectiva é satisfeita quando há o desenvolvimento dos profissionais, sistemas de informação capazes e o alinhamento de metas.

Norton e Kaplan, depois de implantarem o *Balanced Scorecard* em várias empresas, identificaram cinco princípios para sua construção com foco na estratégia, conforme expomos abaixo:

- *primeiro princípio – Traduzir a estratégia em termos operacionais*: a definição da estratégia orienta a construção do "Mapa Estratégico" e este por sua vez tem o papel de traduzi-la em uma arquitetura lógica, ou seja, um sistema de desdobramento de objetivos de cima para baixo.

  Para garantir esse princípio, a liderança tem um papel fundamental, visto que define objetivos, indicadores e metas, além de direcionar e comunicar os profissionais como implantar ações para que a empresa alcance a estratégia e esteja melhor preparada para as mudanças;

- *segundo princípio – Alinhar a organização com a estratégia*: significa ter um mapa estratégico composto por metas interdependentes, sinergia de objetivos e corresponsabilidade de ações, onde o conjunto de metas suporta o objetivo da organização;

- *terceiro princípio – Transformar a estratégia em tarefa diária*: quando a estratégia é formulada, divulgada e a sua implementação passa a ser função de todos, é desenvolvido um objetivo comum, que tende transpor a barreira cultural. Para isso, é necessário implantar ferramentas de gestão de pessoas que reforcem o papel da liderança.

  É enfatizado que todo esforço para esclarecer a estratégia é válido quando acompanhado por uma cultura que proporcione ambiente fértil para sugestões e participação;

- *quarto princípio – Tornar a estratégia um processo contínuo*: a estratégia deve ser integrada ao processo orçamentário e avaliada constantemente, por meio de reuniões gerenciais. Para garantir esse princípio, a liderança tem o papel de acompanhar e controlar o orçamento, promover *feedback* e desenvolver relatórios que contribuam para a criação de uma cultura de aprendizagem. Essas reuniões são orientadas no curto prazo.

  Para concentrar e alinhar a organização a atingir um desempenho excelente, em outro fórum, a equipe de liderança deve promover reunião com propósito diferente de acompanhar e controlar o orçamento. Encontros devem ser momentos para debater e gerar soluções aos problemas que surgirem na execução da estratégia;

- *quinto e último princípio – Promover a mudança por meio da liderança*: para a implantação e manutenção do *Balanced Scorecard*, é necessário mobilizar as pessoas para trabalharem em equipe e gestores capacitados para disseminarem os novos valores culturais e a praticarem o novo sistema de gestão. Faz-se necessário o trabalho em equipe em virtude da interdependência das ações que se tornam visíveis no mapa estratégico. Gestores preparados para comunicar a estratégia, apropriando-se como "donos do negócio", também são importantes para engajarem a equipe. Dentro desse contexto, o líder cria um ambiente propício a mudança, inovação, discussão interativa e, por fim, ao aprendizado sobre a estratégia.

Para a eficácia da ferramenta, alguns pontos devem ser evitados, tais como: quantidade demasiada de indicadores não financeiros inseridos no sistema de bonificação sem que a empresa tenha ganho financeiro; adoção de indicadores sem correlação de causa/efeito e resultados; inexistência de estratégia corporativa integrada; falta de comprometimento da Alta Administração; acesso e envolvimento de poucos colaboradores da empresa; mensuração e acompanhamento de ocasião única; *Balanced Scorecard* ser um projeto de uma única área; implementação da ferramenta apenas para fins remuneratórios.

A perspectiva de Aprendizado e Crescimento na função de recursos humanos deve estar focada nas capacidades organizacionais, na mudança cultural e no capital intelectual, sem que para tanto nos esqueçamos de garantir tratamento justo aos profissionais, atrair e reter talentos, entre outros programas. Ulrich (1998) cita oito desafios enfrentados pelos grandes líderes:

- globalização;
- cadeia de valor para a competitividade empresarial e os serviços de recursos humanos;
- lucratividade entre custo e crescimento;
- foco na capacidade;
- mudança de parâmetros;
- tecnologia;
- atração, retenção e mensuração da competência e do capital intelectual;
- reversão não é transformação.

Ao compararmos os desafios do líder, com base em Dave Ulrich (1998), e o papel do líder descrito por Norton e Kaplan (2000), concluímos que os autores compartilham da mesma visão. Onde Ulrich apontou como desafio, alertando para a importância do desenvolvimento, Norton e Kaplan (2000) já apontam como papel, ou seja, é tão certo que é um desafio, que já é exigido no modelo de gestão.

Cabe ressaltar que desenvolver as habilidades e competências dos profissionais, preparando-os para o futuro, não é um ato de altruísmo, mas sim uma estratégia para vencer a concorrência. Essa estratégia deve ser sustentada por práticas e políticas que visam fomentar a motivação, reter talentos e construir uma cultura de comprometimento.

Os papéis de recursos humanos são múltiplos, ou seja, muitas vezes precisamos agir operacionalmente sem perder de vista a estratégia; além disso, em alguns casos faz sentido ser quantitativo e em outro qualitativo e assim sucessivamente, de acordo com a situação.

A atuação estratégica da área de Gestão de Pessoas é de parceria empresarial, com ações integradas e orientadas para satisfazer o objetivo do negócio. As ações, práticas e políticas, devem adicionar valor e contribuir para melhorar os resultados corporativos. A contribuição gerada por essas ações estabelece uma relação de *causa e efeito* de tal modo a minimizar a subjetividade na compreensão das atividades e programas, possibilitando uma atuação proativa, voltada para as necessidades do negócio e que se antecipa às mudanças.

Ao longo desses anos, recursos humanos passou por um aprendizado no seu sistema de mensuração. Inicialmente, os indicadores de hm/h treinamento, quantidade de pessoas selecionadas, custos com treinamento e recrutamento e seleção identificam e demonstram a eficiência operacional de recursos humanos, porém não demonstram sua influência no desempenho do negócio. Na fase seguinte, iniciam-se algumas mensurações de importância estratégica, mas que não validam seu papel como parceiro estratégico. Há indicadores financeiros e não financeiros, mas ainda não estava claro como contribuíam para a implementação da estratégia. Já na última fase, evoluiu-se para um sistema onde indicadores não financeiros são considerados no sistema de mensuração estratégica da empresa, demonstrando, de fato, a contribuição de recursos humanos. A maior evolução se dá ainda quando este sistema de mensuração de recursos humanos demonstra o impacto de suas políticas sobre o desempenho da empresa.

A busca de *benchmarking* é fundamental, pois, ao vivermos em um mundo globalizado, somos comparados e cobrados com base em *"best practices"* mundiais. Temos como missão preparar os profissionais para trabalharem com o conhecimento da cadeia de valor e de suas redes, capacitar os colaboradores, integrando suas competências individuais e desenvolvendo-os para a mudança constante, bem como atrair e reter capital intelectual.

Segundo Fitz-Enz (2001) "a introdução do modelo de *Balanced Scorecard (BSC)* abriu um novo caminho para organizar e monitorar as informações relativas ao capital humano". Ele propôs uma versão de indicadores para acompanhar o desempenho do capital humano baseada nas seis dimensões que contemplam as atividades clássicas de recursos humanos:

- **planejamento:** atividade onde se projeta a necessidade de capital humano;
- **incorporação:** atividade onde ocorre a incorporação do capital humano à organização através da contratação, seja de profissional próprio ou temporário;
- **manutenção:** atividade focada principalmente na remuneração e nos benefícios;
- **desenvolvimento:** atividade mais difícil de medir, porque o investimento no desenvolvimento é ativo intangível. Em contrapartida, em um ambiente de rápidas mudanças é nítida a necessidade de renovar as competências das pessoas para a empresa se manter competitiva;
- **retenção:** atividade chave para a organização. Atualmente, as organizações têm claro que reter talento é imprescindível para o sucesso;
- **avaliação:** atividade integrada ao exercício das outras cinco acima, visando acompanhar e analisar a sua realização e prover *feedback*.

Para Fitz-Enz, o *Balanced Scorecard* do capital humano contempla apenas quatro quadrantes: incorporação, manutenção, desenvolvimento e retenção, excluindo o planejamento, visto que não é prático monitorar os efeitos do mesmo.

Cada um dos quatro quadrantes contém custos, tempo, quantidade e medida de qualidade. No Quadro 5.1, apresentamos um exemplo do *Balanced Scorecard* do Gerenciamento do Capital Humano, proposto por Fitz-Enz em seu livro *Retorno do investimento em capital humano*:

Quadro 5.1   *Exemplo de BSC do gerenciamento do capital humano.*

Incorporação	Manutenção
Custo por contratação Tempo para preencher vagas Número de novas contratações Número de substituições Qualidade das novas contratações	Custo da mão de obra como porcentagem das despesas operacionais Salário médio por funcionário Custo dos benefícios como porcentagem da folha de pagamento Contagem do desempenho médio comparado à receita bruta por FTE
Retenção	Desenvolvimento
Taxa total de desligamento Porcentagem de desligamento: isentos e não Desligamentos isentos por tempo de serviços Porcentagem de desligamentos de isentos entre os realizadores da alta gerência Custo da rotatividade	Custo de treinamento como porcentagem da folha de pagamento Horas de treinamento totais providas Número médio de horas/treinamento por funcionário Horas de treinamento por função Horas de treinamento por grupos de trabalho Retorno sobre o investimento (ROI) do treinamento
Satisfação no trabalho	Ânimo dos funcionários

Fonte: Fitz-Enz (2001).

Os indicadores acima devem estar alinhados com os objetivos estratégicos da empresa, de forma que possam ser vistas as conexões e interdependência entre si. Segundo Fit-Enz (2001), existem três níveis em que o capital humano pode ser medido: primeiro no nível da empresa, segundo nas unidades de negócio e terceiro no gerenciamento do próprio capital humano, criando o que ele denominou de círculo de valor do capital humano.

5.3   O estudo de caso

Para desenvolvermos nosso estudo, denominamos a empresa escolhida como Alfa, que utilizou a metodologia oficial de Norton e Kaplan. Na ocasião, essa instituição já utilizava a ferramenta do *Balanced Scorecard* há um ano e meio, apresentando competência e sucesso na aplicação.

A empresa Alfa foi fundada há mais de 30 anos, é uma das maiores companhias químicas do país, com ampla atuação no mercado interno e externo. Suas operações se iniciaram na segunda geração petroquímica e se estendem às especialidades químicas, atendendo a mais de 30 segmentos de mercado. Investe cerca de 2% da receita anual, em P&D (Pesquisa e Desenvolvimento), fortalecendo continuamente os serviços de assistência aos clientes, aumentando a sua capacitação tecnológica em processos e no desenvolvimento de novos produtos e aplicações.

O objetivo foi detectar como era a atuação estratégica de recursos humanos e se a ferramenta de *Balanced Scorecard* contribuía para essa atuação. Foram feitas entrevistas semidirigidas com o Diretor Administrativo e de Controle – responsável pela implementação do *Balanced Scorecard* e com o Gerente de Recursos Humanos.

A implementação do *Balanced Scorecard* foi feita em parceria com uma consultoria especializada, de renome no mercado. A escolha pela utilização da ferramenta por parte da empresa aconteceu após um estudo aprofundado, passando pela aprovação de todos da Alta Administração.

O cenário da empresa era de recém-implantação do EVA (Economic Value Added). Essa ferramenta indicava a oportunidade para conquistar um objetivo financeiro de maior envergadura e a liderança apresentava pouco conhecimento e compreensão sobre a estratégia. Naquele momento, a Alta Administração avaliou ser necessário que o nível de gestão delegasse mais autonomia aos subordinados, possibilitando assim o crescimento do negócio.

Para dar continuidade a uma das maiores aspirações da empresa, foi definido como meta do *Balanced Scorecard* o crescimento constante do valor adicionado. O *Balanced Scorecard* contribuiu no estabelecimento de metas de médio e longo prazo e no desafio de crescimento estabelecido através do EVA.

O projeto de elaboração do Mapa Estratégico durou dois meses, contou com o envolvimento da Alta Administração, que discutiu e obteve consenso em cada meta e objetivo estratégico.

Para garantir a qualidade, interdependência das metas e a corresponsabilidade de ações, a Alta Administração envolveu os responsáveis das áreas, os quais traziam suas análises e considerações. O engajamento dos participantes gerou a mudança do processo orçamentário e facilitou a implantação da ferramenta, uma vez que este grupo estava mais consciente e conhecedor do seu propósito.

Durante todo o processo, os principais executivos assumiram o papel de conduzir a mudança, desde a criação de um ambiente propício para iniciar as discussões, a tomada de decisão até o momento da comunicação a todos os colaboradores. O Diretor Superintendente (primeiro nível hierárquico da empresa) assumiu o papel de líder do projeto e investiu tempo nas discussões com seu corpo diretivo, estimulando novas lideranças.

Durante a entrevista, constatamos que o recursos humanos da empresa pesquisada sempre foi uma área presente na organização, com processos bem definidos e organizados. Algumas iniciativas para assegurar que as ações de recursos humanos estavam sendo tratadas de forma ainda mais objetiva foram adotadas, por exemplo, a gestão dos planos de ação da Pesquisa de Clima.

A área de recursos humanos teve um papel fundamental nos processos de comunicação à organização, bem como no processo de implantação e desenvolvimento da perspectiva de "Aprendizado e Crescimento".

O foco da comunicação interna foi aumentar a compreensão dos colaboradores para entenderem a lógica do *Balanced Scorecard* e a interdependência das ações. Nesta, a melhoria contínua dos processos internos e a satisfação do cliente geram resultados financeiros, e que isso só é possível por meio de profissionais bem preparados. Os profissionais receberam o material de divulgação do *Balanced Scorecard* – conceito e conteúdo da empresa –, foram realizadas palestras para todos os níveis da empresa, de tal forma que mais de 400 pessoas – mais da metade da empresa – assistiram pelo menos uma palestra sobre o *Balanced Scorecard*. O propósito era mobilizar e envolver.

O objetivo principal foi dar às pessoas uma visão de futuro: "Quanto a empresa quer crescer, para onde e como?", possibilitando aos envolvidos o sentido de propriedade, de maneira que a forma de pensar passou a ser: "para que eu consiga atingir tal meta, eu preciso começar a ter algumas ações a partir de agora".

Na ocasião de nossa entrevista, a divulgação do *Balanced Scorecard* estava incorporada ao Programa de Integração da empresa. Na reedição do ano seguinte, foi mantido o formato do primeiro *folder* de divulgação, para não perder a identidade. A empresa optou por valorizar os objetivos alcançados e mencionar o que faltava atingir, esta última sem ser enfatizada para dirimir a sensação de ansiedade e frustração.

Para a próxima reedição do *Balanced Scorecard*, o recursos humanos pensava em mudar o Mapa Estratégico, posicionando a perspectiva "Aprendizado e Crescimento" no topo, porque já existia percepção de que as pessoas haviam se identificado na linha de causas e consequências.

A seguir (Quadro 5.2), o exemplo da Perspectiva de Aprendizado e Crescimento da empresa Alfa:

Quadro 5.2 *Aprendizado e crescimento na empresa Alfa.*

Objetivo estratégico	Descrição objetivo	Indicador	Meta
Desenvolver competências críticas para o negócio.	Identificar e desenvolver as competências necessárias para a implementação da estratégia da empresa.	*Gap* entre o nível de competências críticas requeridas e o nível atual.	Plano de ação.
Atrair e reter pessoas que buscam desenvolvimento.	Manter as competências críticas existentes e desenvolvidas, além de desenvolver outras competências (empresa atrair profissionais que possuam as competências necessárias).	Evolução da pesquisa de clima (global).	2002 – 62% 2004 – 64%
Buscar comprometimento da organização às estratégias.	Aprimorar continuamente a gestão de forma a possibilitar a compreensão e o engajamento de todos os colaboradores com a estratégia.	Iniciativas estratégicas realizadas × planejadas. Pesquisa de Clima (cooperação e adesão).	Realizar, no prazo, 100% das iniciativas planejadas: 2002 – 57% 2004 – 60%

Na Perspectiva Clientes, os objetivos eram aumentar o valor agregado, conquistar novos clientes, novos mercados e recursos humanos deveria atuar na capacitação de pessoas.

Na Perspectiva Processos Internos, ocorreram ações nas vertentes de saúde, segurança, meio ambiente, redução de custos fixos, redução de não conformidade, consolidação do modelo de células de trabalho na fábrica. Para atender este eixo, recursos humanos deveria atuar com programas de treinamento, comunicação, mudança de cultura e revisão da estrutura organizacional. Como exemplos dos indicadores desta perspectiva, citamos: taxa de frequência de acidentes, índice de não conformidade com o sistema de segurança, medicina e meio ambiente.

Na avaliação do gerente de recursos humanos, a percepção das áreas em relação ao recursos humanos mudou devido ao entendimento dos executivos sobre o impacto de suas ações nos resultados da empresa, reduzindo assim a necessidade de argumentação para implementação de programas de recursos humanos. Outra mudança ocorrida foi que, a partir do momento que os gestores compreenderam que equipes de alta *performance* geram melhores resultados, as reuniões da área comercial passaram a ser iniciadas com discussões sobre o desempenho dos profissionais.

Na visão do Gerente, para o recursos humanos, o *Balanced Scorecard* é uma oportunidade e não uma necessidade para tornar-se estratégico. Segundo o Diretor Administrativo e de Controle, outro entrevistado, uma das mudanças pós-implantação foi a forma de apresentação dos planos de ações das áreas; as pessoas conseguiram visualizar o que deveria ser priorizado e organizar seus planos de ação de acordo com o objetivo estratégico da empresa.

A empresa Alfa relatou não ter vivenciado barreiras durante o processo; porém, em virtude de o assunto ser desconhecido, explicou ter sentido uma resistência natural no início.

Outra mudança percebida foi a prática da delegação de autonomia, ou seja, antes as decisões estavam centralizadas na diretoria e após a implantação do *Balanced Scorecard* os profissionais, de todos os níveis, foram estimulados a tomar decisões dentro do escopo de suas responsabilidades, não só porque o modelo de gestão de pessoas viabilizava essa prática, mas também porque a relação de causa e efeito das ações está ainda mais transparente.

Outra competência fortalecida foi a de visão de processo, possibilitando a identificação dos reais problemas. Dessa forma, a ferramenta cumpriu o papel de trazer transparência na gestão e democratizar a informação.

Após um ano da implantação, o mapa foi reeditado, com pequenas adaptações. Os profissionais receberam as metas por escrito e os resultados passaram a ser acompanhados. O gestor tornou-se o principal canal para divulgar as informações, tendo como papel explicar os resultados alcançados.

Durante todo o processo de implantação e manutenção, foi identificado o cumprimento dos princípios norteados do *Balanced Scorecard* de acordo com a metodologia de Norton e Kaplan (2000). O cumprimento desses princípios aconteceu de forma integrada e a participação das lideranças foi fundamental durante o processo de construção e implantação da ferramenta.

Além disso, ficou evidenciada a importância do recursos humanos na implementação do *Balanced Scorecard* mediante palavras do Diretor Administrativo e Controle, que explicou:

> "O *Balanced Scorecard* é para o recursos humanos um prato cheio, porque democratiza a informação, gera *empowerment* e clareza de estratégia, objetivos e metas, possibilitando a todos o alinhamento das ações direcionadas para onde se quer chegar. Além disso, clarifica o impacto da dimensão do aprendizado e do crescimento, embasando uma série de iniciativas de recursos humanos." E continua: "[...] há ganhos expressivos para a melhoria no clima organizacional, para o aumento no engajamento dos profissionais, favorecendo a apoio da Diretoria nas ações de recursos humanos."

Ressaltamos que a implantação de um processo desta natureza é contínua, não podendo ser considerada como "pronto e acabado", exigindo constantes reformulações e aprimoramentos.

5.4 Considerações finais

Ficou evidenciado que a área de recursos humanos pode elevar o desempenho da organização e gerar diferencial competitivo atuando na dimensão estratégica, independentemente do setor em que atua. O *Balanced Scorecard* pode ser uma ferramenta de gestão eficiente de alinhamento das ações estratégicas das empresas nos diferentes setores e em todos os níveis da organização.

O primeiro fator crítico de sucesso é a base dos conhecimentos financeiros da empresa, porque as ações e as estratégias de recursos humanos devem estar ligadas a este resultado. A perspectiva financeira representa a consolidação dos resultados das ações de todos.

Outro fator crítico de sucesso é a promoção do conhecimento das demandas dos clientes internos e externos. O *Balanced Scorecard* tem o mérito de inverter o processo de demanda; não é o recursos humanos que muda, mas a necessidade dos executivos e clientes internos é que muda quando percebem a importância do capital humano no diferencial competitivo da empresa.

Os ganhos relatados tornam o *Balanced Scorecard* mais do que uma ferramenta de mensuração, um instrumento para a melhoria da gestão, visto que traz transparência para a visão corporativa, facilita a excelência e revisão dos processos da cadeia de valor, reforça a gestão participativa e o comprometimento; consequentemente, contribui para o crescimento do negócio. Neste sentido, nos anexos deste capítulo apresentamos um guia para implantação do *Balanced Scorecard* (Anexo A) e exemplos de indicadores de recursos humanos (Anexo B).

Em 2008, como uma evolução da ferramenta, os autores Robert Kaplan e David Norton possibilitaram que os gestores integrassem outras ferramentas de gestão, tais como Gestão de Processos, de Qualidade e Reengenharia, à metodologia original. Além disso, propuseram que fossem desvinculadas as reuniões táticas das estratégicas e estimularam que os gestores testassem e adaptassem a estratégia, lançando outro circuito em torno do sistema integrado de planejamento e execução operacional da estratégia.

Referências

ALBUQUERQUE, Lindolfo Galvão. Estratégias de Recursos Humanos e competitividade. In: VIEIRA, Marcelo Milano Falcão; OLIVEIRA, Lúcia Maria Barbosa de. (Org.). *Administração contemporânea*: perspectivas estratégicas. São Paulo: Atlas, 1999.

BEATTY, Richard; BECKER, Brian; HUSELID. *Scorecard para recursos humanos*: conceitos e ferramentas para medir a contribuição das equipes. Rio de Janeiro: Campus, 2005.

DAVID; SZILAGYI; WALLACE. *Os processos de mudança organizacional e o impacto na gestão de recursos humanos e no modelo de gestão de pessoas*. Monografia. Derlene Santesso, Fernando J. Costa e Peripedes N. Gondim Jr.

FITZ-ENZ, Jac. *Retorno do investimento em capital humano*. São Paulo: Makron Books, 2001.

HAMEL, Gary; PRAHALAD, C. K. *Competindo pelo futuro*. 11. ed. Rio de Janeiro: Campus, 1995.

KAPLAN, Robert S.; NORTON, David P. *Organização orientada para a estratégia*. Rio de Janeiro: Campus, 2001.

_____. *A estratégia em ação*. 7. ed. Rio de Janeiro: Campus, 1997.

_____. *Execução premium*. Rio de Janeiro: Campus/Elsevier, 2008.

PORTER, Michael E. *Vantagem competitiva*. 18. ed. Rio de Janeiro: Campus, 1989.

ULRICH, Dave. *Campeões de recursos humanos*. 6. ed. São Paulo: Futura, 1998.

_____. *Recursos humanos estratégicos*. São Paulo: Futura, 2000.

_____; BECKER, BRIAN, E.; HUSELID, Mark A. *Gestão estratégica de pessoas com "Scorecard"*. 'Rio de Janeiro: Campus, 2001.

ANEXO A
Guia para Implantação do *Balanced Scorecard*

Fase preparatória

Antes das reuniões do grupo de trabalho recomenda-se entrevistar os principais executivos e buscar diversas informações sobre a empresa e seu segmento – como por exemplo: planos estratégico, financeiro, recursos humanos e de Qualidade –, além de dados sobre a concorrência, tendências do segmento, oportunidades e desafios.

Para a escolha dos representantes que participarão do grupo para a construção do mapa e das discussões ao longo do processo, deve-se dar preferência aos profissionais que possuírem características como capacidade de análise crítica e síntese, visão ampla do negócio, visão sistêmica e do mercado.

As principais questões que devem ser respondidas nesta fase são:

- Quais são os objetivos financeiros dos acionistas?
- Quem são os clientes e quais são os seus objetivos?
- Quais processos internos apoiam os objetivos financeiros e dos clientes?
- Quais culturas, competências e tecnologias apoiam os objetivos internos?

Os dados e informações levantados devem ser compilados formando um mapa estratégico inicial e levados para validação do grupo de executivos. Inicia-se, então, a Fase 1 do processo de construção do BSC.

Fase 1 – Validar o pré-mapa estratégico

Caso a empresa não tenha missão, visão e valores definidos, deve nesta fase elaborá-los. O resultado desta fase é definir o mapa estratégico, pois será a base para a discussão de todo o restante da ferramenta.

Fase 2 – Escolher qual o foco estratégico

Está ligado à visão e têm impacto direto nos objetivos financeiros. Vários teóricos consideram três os focos estratégicos:

1. Excelência operacional = foco em processos e custos.

2. Liderança em produto = foco em inovação de produtos.
3. Orientação para serviços = foco no gerenciamento e relacionamento com cliente.

A empresa, ao definir um foco estratégico, significa que ele será preponderante, porém os outros dois continuam a existir e devem-se criar iniciativas para atendê-los também.

Ao definir-se o foco estratégico, ele deve ser considerado nas quatro perspectivas do negócio: Financeira, Cliente, Processos e Aprendizagem e Crescimento. Durante esse exercício, deve também ser realizada a análise SWOT (sigla em inglês que significa: fortalezas, fraquezas, ameaças e oportunidades).

O resultado desta fase é a definição do foco estratégico, a matriz SWOT e as macros políticas e estratégias.

Fase 3 – Definir objetivos

Estabelecer objetivos para cada foco estratégico definido dentro de cada perspectiva. A quantidade de objetivos (*1 ou 2 por perspectiva*) e a relação com as ações ou iniciativas são fatores fundamentais para o sucesso desta etapa.

Fase 4 – Definir indicadores e metas

Nesta etapa, deve-se ter em mente que os indicadores informam o quanto já se alcançou os objetivos e ajudam a motivar em direção à visão. Enfatizamos a importância do envolvimento de outras pessoas no grupo de trabalho, especialistas funcionais, para ajudar na construção dos indicadores, de acordo com o assunto que será discutido.

Para tornar mais factível sua definição, utilize os critérios: confiabilidade, frequência de repetição e atualização, facilidade de compreensão e contribuição para o estabelecimento de metas de melhoria.

O *Balanced Scorecard* considera dois tipos de indicadores:

- de resultado (*lag*): baseiam-se em resultados passados, no desempenho. Geralmente, aparecem nas perspectivas financeira e processos internos;
- de tendência (*lead*): baseiam-se em hipóteses de causa e efeito. Visam acompanhar o comportamento daquele objetivo.

Após a definição dos indicadores é que se estabelecem as metas. O propósito dessa fase é informar o nível de desempenho esperado, fazer com que as pessoas compreendam qual é a sua contribuição à estratégia e concentrar esforços para atingir os resultados. Cada meta deve possuir um indicador, ser quantificável, transmitir claramente o desempenho esperado e estar relacionada aos objetivos, ao foco estratégico e à visão.

Fase 5 – Priorizar iniciativas

Agora é o momento de identificar iniciativas (ações, projetos, programas etc.) que possam ser implantadas de forma a diminuir o *gap* entre o desempenho atual e desejado. As iniciativas devem ser relacionadas aos objetivos e contribuírem para que as metas sejam atingidas, como segue:

- identificar iniciativas existentes na organização e relacioná-las aos objetivos estratégicos para verificar se são coerentes ou não;
- verificar se existem novas iniciativas que possam contribuir com os objetivos estratégicos;
- separar as iniciativas estratégicas das não estratégicas; e
- priorizar as iniciativas.

É importante criar uma sistemática de acompanhamento do *Balanced Scorecard*, pois, caso contrário, será somente um grande mapa com planos de ação.

Fase 6 – Elaborar plano de comunicação

Desenvolver um plano para comunicar o *Balanced Scorecard* a toda organização, garantindo o comprometimento para efetivar as iniciativas, além de divulgar a forma de acompanhamento do mesmo.

Pode ser que nesta fase exista necessidade de se fazer alguns ajustes de metas para os indicadores.

Próximos passos

- criar plano de desdobramento do *Balanced Scorecard*;
- estabelecer reuniões distintas para abordar ações operacionais/táticas das discussões sobre a implantação da estratégia;
- integrar o *Balanced Scorecard* ao planejamento estratégico anual e ao gerenciamento da *performance*;
- desenvolver programa de incentivos vinculados aos objetivos, indicadores e metas do *Balanced Scorecard*.

Fatores críticos para o sucesso do *Balanced Scorecard*

- definir os responsáveis para monitorar os objetivos, indicadores, iniciativas e elaborar relatórios;
- prever a primeira reunião de revisão com até 60 dias da implantação;
- estabelecer processo de aprendizagem organizacional;
- desenvolver o *Balanced Scorecard* para as Unidades de Negócios Estratégicas (SBU) e Unidades de Serviços correlacionadas ao mapa estratégico do *Balanced Scorecard* corporativo.

ANEXO B
Exemplos de Indicadores de Recursos Humanos

O que nos propomos é fornecer exemplos de tipos de indicadores de recursos humanos. Porém, enfatizamos que cada empresa elabore o seu grupo de indicadores de acordo com os objetivos estratégicos, contexto e relação de causa e efeito.

Separamos os indicadores em duas categorias: estratégico e operacional. Os indicadores estratégicos medem a contribuição de recursos humanos para a estratégia e os operacionais mensuram a eficiência de recursos humanos.

Além disso, é importante que o profissional de recursos humanos antes de propor os indicadores tenha clareza do que quer medir:

> "A força de trabalho realizou os principais objetivos estratégicos? Os líderes e os funcionários se comportam de maneira a realizar os principais objetivos estratégicos da empresa? Os funcionários entendem e praticam a estratégia? Temos a cultura e a mentalidade necessárias para promover a execução da estratégia ? O investimento total na força de trabalho é adequado?" (BEATTY; BECKER; HUSELID, 2005).

Estratégicos:

- % de funcionários que responderam positivamente, na faixa superior a xx%, em pesquisas sobre satisfação;
- % de funcionários que responderam positivamente, na faixa superior a xx%, em pesquisas sobre cultura e ambiente;
- % de planos de ação implantados em virtude do resultado da pesquisa de clima;
- % de quanto a estratégia é compreendida pelos empregados;
- custo do capital humano – custo médio de salários, benefícios, absenteísmo;
- retorno sobre o investimento (ROI) do Capital Humano – receita bruta (despesas – custo total de mão de obra) dividido pelo custo total de mão de obra;
- % do custo de mão de obra na receita bruta total – todos os custos de mão de obra como porcentagem da receita bruta total;
- % de posições-chave com, no mínimo, uma pessoa plenamente qualificada para assumir;

- % de implantação dos planos estratégicos de recursos humanos;
- índice entre pessoal de recursos humanos e efetivo de pessoal total.

Operacionais:

Treinamento e Desenvolvimento:
- % de habilidades estratégicas treinadas/disponíveis à organização;
- demonstração de habilidades no trabalho;
- % de funcionários com plano de desenvolvimento;
- % de habilidades identificadas nas funções estratégicas;
- % de habilidades treinadas/disponibilizadas nas funções estratégicas;
- retorno sobre o investimento (ROI) de treinamento;
- custo de treinamento como porcentagem da folha de pagamento;
- custo de treinamento como porcentagem da folha de pagamento por tema de treinamento;
- custo por hora de treinamento e por pessoa treinada;
- % de funcionários envolvidos em treinamento;
- proporção entre treinamento avançado e treinamento para reduzir alguma deficiência.

Segurança:
- nº ou % de incidentes ambientais e de segurança;
- índice de frequência de acidentes;
- índice de frequência de acidentes potencial;
- dias de trabalho perdido;
- custo de materiais para primeiros socorros/remédios etc.;
- % de funcionários envolvidos com programas de qualidade de vida;
- tendência de doenças da força de trabalho;
- custo total de acidentes do trabalho e doenças ocupacionais como porcentagem das despesas.

Retenção:
- rotatividade dos empregados;
- % do nº total de desligamentos;

- custo de rotatividade;
- % de retenção de novas admissões;
- índice de promoções internas;
- % de retenção de pessoal de alto potencial;
- % de retenção de pessoal executivos;
- desligamentos voluntários como porcentual do efetivo total.

Recrutamento e seleção:

- % de recrutamento feito nas universidades-chave;
- taxa de admissão – contratações de substituição e contratações para novas posições como porcentagem da força de trabalho;
- custo por contratação;
- tempo para preencher postos de trabalho;
- nº de substituições;
- qualidade das contratações;
- custo total da mão de obra como porcentagem das despesas operacionais;
- % de posições preenchidas internamente;
- % de posições preenchidas por candidatos em planos de sucessão;
- desempenho dos candidatos contratados;
- % de talentos de reserva.

Desempenho:

- % de avaliações de desempenho concluídas;
- alinhamento das metas da empresa com a estratégia;
- aceitação do processo de avaliação pelos funcionários;
- % de funcionários cujo pagamento está atrelado à *performance*.

Remuneração e benefícios:

- salário médio por funcionários;
- custo dos benefícios como porcentagem da folha de pagamento;
- % de satisfação com os benefícios;
- remuneração variável como porcentagem do pacote de remuneração;
- participação nos resultados como porcentagem no lucro operacional;

- custo dos benefícios como porcentagem do faturamento líquido/bruto.

Relações trabalhistas:

- nº de acordos legais;
- % de funcionários sindicalizados;
- custo do passivo trabalhista como porcentagem das despesas;
- processos trabalhistas como porcentagem do efetivo total/desligamentos;
- processos de solidariedade como porcentagem dos processos trabalhistas.

Comunicação interna:

- entendimento das mensagens da alta administração e do recursos humanos;
- aceitação das mensagens da alta administração e do recursos humanos;
- eficácia do compartilhamento de informações entre departamentos;
- eficácia da intermediação de recursos humanos entre funcionários e gerência;
- velocidade e eficácia nas respostas às reclamações dos funcionários;
- % de sugestões feitas pelos funcionários;
- % de sugestões feitas pelos funcionários implementadas.

Diversidade:

- percepção de tratamentos igualitários e consistentes;
- quantidade de posições significativas para funcionários com deficiência, outras raças, religiões, sexo;
- grau de neutralidade em premiações e promoções;
- idade média da força de trabalho;
- permanência da forçam de trabalho na empresa;
- formação escolar.

6

A contribuição da função de recursos humanos para o negócio: uma avaliação da possibilidade de mensuração

Waldir Ronaldo Rodrigues
Sonia Leme Pedroso
Patricia Silva Granizo Rodrigues
André Luiz Fischer

6.1 Introdução

Muito se tem falado sobre globalização, desenvolvimento tecnológico, novas demandas de mercado e do negócio da organização. As transformações organizacionais, os novos desafios competitivos do presente e do futuro também têm ocupado lugar de destaque na pauta dos executivos que dirigem as grandes organizações. Cada vez mais, espera-se que o corpo funcional esteja empenhado e direcionado, alinhando-se às estratégias empresariais.

A área de recursos humanos vem acompanhando esse processo de mudança buscando posicionar-se no contexto organizacional de forma a preservar e ampliar seu espaço. Para isso, como ocorre com qualquer outra função organizacional no mundo competitivo, a função responsável por gestão de pessoas somente ganhará legitimidade se puder comprovar seu impacto nos resultados finais do negócio. Entretanto, se todos reconhecem a importância de mensurar a contribuição de recursos humanos, são poucos aqueles que recomendam instrumentos e práticas consagrados para realizá-la.

Esse é o motivo pelo qual optamos pelo tema "A contribuição da função de Recursos Humanos para o negócio: uma avaliação da possibilidade de mensuração". Pretende-se identificar as alternativas que vêm sendo adotadas pelas organizações pesquisadas e avaliar a sua eficácia em corresponder aos objetivos que se propõem.

Acredita-se que, ao identificar formas de mensuração e suas possibilidades de aplicação, os resultados deste estudo poderão ser úteis tanto para os profissionais de recursos humanos como para os demais executivos, que poderão orientar melhor suas decisões sobre uma questão relevante da modernidade de gestão de pessoas na visão de autores diversos (ULRICH, 2000; ALBUQUERQUE, 2002; DUTRA, 2001).

Para cumprir os objetivos propostos, o presente capítulo adotou abordagens metodológicas quantitativas e qualitativas. Na abordagem quantitativa, realizou-se um *survey* com profissionais de recursos humanos, visando identificar sua percepção sobre as diferentes metodologias de mensuração de resultados. Sem pretensões de representatividade amostral, os questionários foram endereçados a profissionais de recursos humanos de empresas dos mais diversos segmentos e porte.

Seguindo a abordagem qualitativa, realizou-se também um estudo de caso em uma organização nacional bastante conhecida pela sua imagem empresarial e pela qualidade de suas políticas de gestão de pessoas. Essa organização encontra-se entre as maiores e melhores do país, frequentou várias edições do GUIA EXAME VOCÊ S. A. das melhores empresas para se trabalhar e foi considerada uma das empresas exemplares em modelos de gestão de pessoas na pesquisa DELPHI RH 2010 realizada pelos Profs. André Fischer e Lindolfo Albuquerque da FEA/USP (FISCHER, 2001). Optou-se por essa empresa por ser uma organização de capital integralmente brasileiro, conduzida por crenças e valores muito arraigados em sua cultura, com projeção significativa e reconhecida como inovadora. Além disso a empresa tinha a intenção deliberada, na época da pesquisa, de adotar sistemas de mensuração para medição da contribuição de recursos humanos para o seu negócio.

O uso dessa dupla metodologia foi definido porque o *survey* representa uma ferramenta indicada para se chegar à uma compreensão abrangente e precisa sobre uma questão de pesquisa. O estudo de caso, por seu lado, permitirá uma compreensão mais aprofundada da maneira pela qual o tema vem sendo tratado em uma organização específica. Uma vez analisados os dados quantitativos, objeto do *survey*, procuramos estabelecer comparativos com a teoria existente, delimitando as fronteiras entre o teórico e o prático, bem como validando o estudo de caso.

O estudo de caso é uma metodologia adequada quando o pesquisador tem pouco controle sobre os eventos e quando o foco está centrado em fenômenos contemporâneos, como é o caso do presente trabalho (YIN, 2001, p. 27). No caso proposto, a pesquisa qualitativa por meio de entrevistas estruturadas procurou identificar as ferramentas de mensuração utilizadas, as sistemáticas de seu uso, os enfoques abordados e os benefícios incorporados.

Conforme a concepção da técnica devidamente aceita para a realização de um estudo de caso, pretendeu-se aprender e compreender os múltiplos aspectos de uma situação com suas implicações naturais, evitando-se partir de uma visão predeterminada da realidade. No caso específico do objeto de estudo desta pesquisa, a falta de um modelo previamente definido decorre da inexistência ou não identificação de empresa brasileira que efetivamente use ferramentas de mensuração dos resultados de recursos humanos de forma ampla e estruturada. Essas ferramentas têm sido extensamente abordadas pela literatura mais geral de gestão de pessoas, mas não há casos relatados de sua utilização plena seguida da devida avaliação.

6.2 Referencial teórico

Entende-se por Gestão de Pessoas a forma pela qual a organização orienta o comportamento humano no trabalho (FISCHER, 2002). Para tanto, a empresa cria políticas, processos e especializa profissionais diretamente voltados para essa finalidade, os quais se agrupam no que pode se chamar, genericamente, de área de recursos humanos. Deve se diferenciar a área de recursos humanos do modelo de gestão de recursos humanos (DUTRA, 2001). A área corresponde a uma unidade da estrutura organizacional. O modelo abrange também outras iniciativas que têm por objetivo orientar o comportamento no trabalho, mas que não são especificamente de recursos humanos, como a gestão estratégica ou os programas de qualidade total, por exemplo. Neste capítulo, nosso foco é a mensuração de resultados da área de recursos humanos, enquanto um conjunto de políticas, processos, práticas e profissionais especializados nessa função.

A história da área de recursos humanos confunde-se com o próprio desenvolvimento da administração e foge do escopo deste capítulo resgatá-la por inteiro. Vale lembrar que o movimento de valorização das relações humanas no trabalho – que surgiu da constatação da necessidade de se considerar a influência dos fatores psicológicos e sociais na produtividade – foi uma de suas principais origens. As bases desse movimento foram dadas pelos estudos desenvolvidos pelo psicólogo norte-americano Elton Mayo (1890/1949), mas se seguiram a ele os demais teóricos das relações humanas, como Maslow, Hezberg e Maccleland (GIL, 2001, p. 19).

A partir da década de 60, fruto do aumento da influência da escola de Relações Humanas, as empresas passam a se utilizar mais frequentemente da expressão *Administração de Recursos Humanos*, em lugar de Administração de Pessoal e Relações Industriais. No Brasil, a administração de recursos humanos se origina nas empresas multinacionais que se expandiram na década de 70. Nelas, dentro das atividades ditas de recursos humanos, predominavam as atividades técnicas de contratação, seleção, treinamento, a avaliação e a recompensa.

No final da década de 70 e início dos anos 80, as mudanças nos processos produtivos, a disseminação da qualidade total e o acirramento da competitividade trouxeram um novo critério de efetividade na modelagem dos sistemas de gestão de recursos humanos: seu caráter estratégico (FISCHER, 2002, p. 23). Passou-se a pensar a gestão de pessoas como algo menos técnico e assistencial e mais voltado para o negócio da empresa. Desde então, a área e seus profissionais depararam-se com mudanças cada vez mais intensas e, consequentemente, com maiores e mais pesadas exigências sobre o seu desenvolvimento e participação efetiva no negócio. A questão da mensuração surgiria como decorrência desse contexto.

É assim que, a partir da década de 90 e, principalmente, nos dias atuais, torna-se praticamente impossível para a gestão de pessoas desvincular-se do negócio, surgindo a preocupação com as formas de mensuração. Essa constatação aparece no estudo realizado por Fischer e Albuquerque em 2004 com executivos de recursos humanos sobre tendências nas empresas brasileiras. Questionados sobre o principal desafio da área para os próximos cinco anos, os pesquisados indicam que o alinhamento de recursos humanos com o negócio está em primeiro lugar. Parece pouco razoável promover esse alinhamento sem instrumentos que permitam sua avaliação.

Sistemas de mensuração aplicados a recursos humanos

A literatura da área, bem como os profissionais de mercado, reconhecem a importância e necessidade de mensurar resultados em recursos humanos. A teoria do capital do século XIX acreditava que a riqueza era alavancada por meio de investimentos em ativos tangíveis, tais como fábricas e equipamentos. Entretanto, o que se identificou é que o único componente econômico que pode agregar valor em uma organização, independentemente do tipo de negócio, é aquele mais difícil de ser avaliado: o trabalho humano.

Seguramente, o componente humano é um ativo muito mais difícil de se gerir. Máquinas, equipamentos, tecnologia, energia etc., dependem do ser humano, seja ele um operário, um profissional liberal ou um alto executivo para a plena utilização do seu potencial. Trata-se de uma constatação amplamente reconhecida. Apesar disso, é grande o desafio daqueles que procuram uma metodologia para medir o valor agregado e o retorno sobre o investimento em capital humano nas organizações.

Para analisar essa questão, alguns conceitos devem ser previamente definidos. Wood Junior e Picarelli (1999) definem dois termos de grande importância para este trabalho: indicadores de desempenho e sistemas de medição. Para esses autores:

> "**Indicadores de desempenho:** são os sinais vitais de uma empresa. Eles devem mostrar aos membros da organização que resultados suas ações estão gerando. Funcionam como um painel de controle de um avião, revelando um quadro da situação e guiando os passos e ações seguintes."

> "**Sistemas de medição:** são os diversos painéis de controle que cada área cria para acompanhar seus indicadores de desempenho. Eles podem tomar a forma de um relatório periódico, de gráficos numa sala de reuniões ou de um sistema de informação online. O importante é que, qualquer que seja a forma, as informações sejam analisadas sistematicamente e ações corretivas sejam tomadas sempre que necessário."

Adotando esses conceitos, este capítulo pretende identificar e analisar painéis de controle que monitorem indicadores de desempenho sobre Gestão de Pessoas nas organizações. Com base nessas definições passaremos a analisar autores que abordam a questão da mensuração dos resultados em recursos humanos.

Albuquerque (apud VIEIRA; OLIVEIRA, 1999) afirma que a questão da avaliação de resultados organizacionais sempre foi complexa e polêmica, especialmente quando aplicada à área de recursos humanos. Para esse autor, os resultados das políticas e programas de recursos humanos não são necessariamente tangíveis e mensuráveis, o que dificulta a construção de metodologias universalmente aceitas. Em nossa pesquisa bibliográfica, dois autores com propostas diferentes pareceram oferecer alternativas consistentes e teoricamente consolidadas. O primeiro desenvolve a metodologia de *benchmarking* em recursos humanos, criando indicadores que são apenas comentados e não apresentados em detalhe em sua obra. O segundo grupo de autores procura adaptar a metodologia do *Balanced Scorecard* às necessidades de avaliação de recursos humanos. Ambas as metodologias são analisadas a seguir.

Benchmarking em recursos humanos

Um autor bastante reconhecido por desenvolver métricas para gestão de pessoas é Fitz-Enz (2001). Ele entende que todos os processos de recursos humanos devem ter a finalidade de agregar valor à organização, ou seja, para cada melhoria num processo de recursos humanos deve haver um efeito positivo no resultado final da empresa. Partindo dessa premissa, Fitz-Enz cria uma metodologia de mensuração do valor agregado em gestão de recursos humanos. Sabe-se que essa metodologia é oferecida por representantes desse autor no país e utilizada por organizações que atuam no Brasil.

O instrumento de avaliação de recursos humanos proposto por Fitz-Enz concentra-se fortemente no *benchmarking*. O *benchmarking* é uma ferramenta que se disseminou a partir de 1990, após a divulgação da utilização desse método como uma das práticas que levaram a Xerox a reaver sua participação de mercado (CAMP, 1989). Após um volume espantoso de processos de *benchmarking* no início dessa década, ocorreu um arrefecimento, para que, posteriormente, houvesse um renovado interesse.

O *benchmarking* não responde a perguntas, mas põe à mostra a metodologia de um processo e, quando conduzido de forma apropriada, revela os fundamentos lógicos e as condições existentes por trás do método. Os autores recomendam que os aspectos mais importantes da implementação do método são: manter o projeto focado, planejar, considerar e examinar as medições e as práticas, em vez de utilizar uma empresa como ponto de referência somente pelo fato de ser famosa ou estar na mídia.

Jac Fitz-Enz considera-se o "pai" do método de *benchmarking* para a avaliação de desempenho do capital humano. Ele também é o fundador e presidente do *Saratoga Institute*, sediado em Santa Clara, Califórnia, que é renomado por seus dados contínuos de *benchmarks* sobre a produtividade de pessoal, retenção e práticas efetivas de recursos humanos em 20 países.

Segundo Jac Fitz-Enz, o *benchmarking* tem o propósito específico de ajudar a descobrir como outras pessoas conduzem um determinado processo. Essa ferramenta talvez permita que o usuário transfira essa descoberta para sua operação. Entretanto, o *benchmarking* não fornece respostas, não sugere prioridades ou prescreve ações. O autor afirma que um projeto eficiente de *benchmarking* cria uma grande quantidade de informações potencialmente relevantes e úteis sobre atividades, processos ou práticas. Possivelmente, o *benchmarking* auxiliará a revelar as verdadeiras origens dos problemas e os caminhos para aplicações mais eficazes.

A principal recomendação do autor é que o projeto seja iniciado com a identificação dos objetivos da empresa e com a descrição dos valores que orientam a realização do projeto. Ou seja, inicia-se o projeto tendo em mente os seguintes valores:

- humanos: ajudar as pessoas a serem mais produtivas, menos estressadas e mais satisfeitas com seu emprego;
- produtivos: melhorar o serviço, a qualidade ou a produtividade;
- financeiros: aumentar o retorno sobre o investimento (ROI), os ativos ou o patrimônio.

Quando aborda o modelo de *benchmarking* do valor, Fitz-Enz enfoca dois objetivos. Primeiramente, o propósito é encontrar valor expresso em termos humanos ou de produção. Se conseguir isso, considera-se que haverá recompensa com valor financeiro. Em segundo plano, o propósito é aplicar o aprendizado de modo que forneça uma vantagem competitiva para a empresa no mercado. Isso significa que a prática adotada como resultado do aprendizado ajudará a melhorar o serviço, a qualidade e a produtividade.

O autor prefere defender o método a detalhar sua estrutura e formato de aplicação. Não se encontra assim em sua obra um conjunto de indicadores que poderia ser considerado ideal na aplicação do *benchmarking* em recursos humanos.

Balanced Scorecard

O *Balanced Scorecard* é uma ferramenta inovadora de gestão de *performance* das organizações. Foi desenvolvido por Robert Kaplan e David Norton da Universidade de Harvard (EUA), no início da década de 90, sendo desde então utilizado em organizações de vários países, obtendo êxito, inclusive, em empresas da América Latina nos últimos anos (EXAME, 2003).

Kaplan e Norton (1996) não abordam diretamente gestão de pessoas em suas preposições, mas tornaram-se conhecidos ao propor um *Balanced Scorecard* que mostra aos gerentes seniores as medidas não financeiras responsáveis pelo sucesso financeiro a longo prazo. Nesse sentido, a gestão de pessoas inclui-se no que se poderia chamar de medidas não financeiras, dando origem à possibilidade de se aplicar o *Balanced Scorecard* em recursos humanos.

Gubman (1999) afirma que Kaplan e Norton descrevem um cartão de registro de resultados equilibrado (*Balanced Scorecard*), gerando um processo de gestão estratégica baseado em quatro categorias de avaliação. Elas se parecem com a leitura do painel de instrumentos de um avião, em que você voa por intermédio da observação de todos os indicadores, não apenas do altímetro dos resultados financeiros.

O *Balanced Scorecard* (BSC) traduz a missão e a estratégia das empresas num conjunto abrangente de medidas de desempenho que serve de base para um sistema de medição e gestão estratégica. É um instrumento que integra as medidas derivadas das estratégias, sem menosprezar as medidas financeiras do desempenho passado e que mede o desempenho organizacional sob quatro perspectivas: *financeira, do cliente, dos processos internos da empresa e do aprendizado e conhecimento*. As medidas representam o equilíbrio entre indicadores externos, voltados para acionistas e clientes, e as medidas internas dos processos críticos de negócios, inovação, aprendizado e crescimento.

Balanced Scorecard em recursos humanos

Brian E. Becker, Mark A. Huselid e Dave Ulrich foram os primeiros autores a adaptar a metodologia do BSC para recursos humanos, propondo a Gestão Estratégica de Pessoas com *Scorecard* (HUSELID, 2001). Os autores iniciam sua obra demonstrando o desafio de mensuração e a dificuldade de medir a influência de recursos humanos no desempenho da empresa. Sugerem então como alternativa relacionar o desempenho dos produtos de recursos humanos com o desempenho do negócio.

Para integrar o recursos humanos ao sistema de mensuração do desempenho do negócio, os gerentes precisam identificar os pontos de intersecção entre recursos humanos e o plano de implementação da estratégia. Devem ser destacados os resultados que contribuem para a execução da estratégia da empresa, em oposição às "rotinas" de recursos humanos, que focalizam a eficiência operacional e outros aspectos quantitativos. Esses produtos se manifestam de duas formas: vetores de desempenho e capacitadores.

> ***Vetores de desempenho***: *são as capacidades ou recursos essenciais relativos a pessoal, tais como produtividade dos empregados ou satisfação dos empregados. Cada empresa identifica seu próprio conjunto, com base em suas características exclusivas e nas exigências de seu processo de implementação estratégica.*

As empresas geralmente enfrentam um descompasso entre suas métricas e as políticas de recursos humanos. O equilíbrio das mensurações de desempenho significa prestar atenção tanto aos indicadores consequentes quanto aos indicadores antecedentes. E são os indicadores antecedentes – como os de recursos humanos – que efetivamente impulsionam a criação de valor nas organizações. A identificação dos principais indicadores de desempenho de recursos humanos pode ser uma tarefa desafiadora, pois eles compõem um conjunto específico para cada empresa.

> ***Capacitadores:*** *reforçam os vetores de desempenho. Todo sistema de recursos humanos influencia, sob muitos aspectos, o comportamento dos empregados. Assim, recursos humanos dispõe de numerosas oportunidades para capacitar – ou inibir – os principais vetores de desempenho da empresa.*

Os autores consideram que a área de recursos humanos é capaz de vincular seus produtos ao processo de implementação da estratégia da empresa através de um modelo com sete passos; são eles:

> **Passo 1:** Defina com clareza a estratégia do negócio;
>
> **Passo 2:** Desenvolva um argumento de negócios para o recursos humanos como Ativo Estratégico;

Passo 3: Crie um mapa estratégico;

Passo 4: Identifique os produtos de recursos humanos dentro do Mapa Estratégico;

Passo 5: Alinhe a arquitetura de recursos humanos aos produtos de recursos humanos;

Passo 6: Projete o Sistema Estratégico de Mensuração de recursos humanos;

Passo 7: Implemente a Gestão por mensuração.

Assim aplicado, o *Scorecard* de recursos humanos possibilitaria dois importantes resultados: gerenciar recursos humanos como ativo estratégico e demonstrar a contribuição de recursos humanos para o sucesso financeiro da empresa. Bem concebido, o processo pode produzir três resultados importantes: a identificação dos principais produtos de recursos humanos que alavancarão o seu papel na estratégia geral da empresa; a criação em recursos humanos de um sistema de trabalho de alto desempenho; a avaliação da extensão em que o sistema de recursos humanos está alinhado com a estratégia e os indicadores de eficiência da empresa.

O equilíbrio entre os indicadores de recursos humanos e o controle de custos ajuda os gerentes a evitar outro erro também comum: a tendência de se concentrar nos benefícios e ignorar os custos dos programas estratégicos. Os produtos, no lugar das rotinas de recursos humanos, podem ser fontes desses benefícios, desde que gerenciados com eficiência.

Uma vez que o foco básico do papel estratégico de recursos humanos é a criação de valor, a reflexão sobre a sua arquitetura induz à adoção de uma visão ampla da cadeia de valor de recursos humanos. A eficiência de recursos humanos reflete a extensão em que sua função é capaz de ajudar a empresa a gerar as competências necessárias, dentro de um custo eficaz. Isso não significa que recursos humanos deva simplesmente minimizar os custos, sem levar em conta os resultados. As métricas devem refletir esse equilíbrio. A estrutura de um sistema estratégico de mensuração de recursos humanos depende do correto equilíbrio entre eficiência e criação de valor.

Depois de avaliar o entrosamento entre os produtos de recursos humanos e os vetores de desempenho estratégico, deve-se medir a extensão em que o sistema de recursos humanos produz os elementos apropriados de desempenho humano necessários ao desenvolvimento desses produtos. O desempenho humano estratégico nas organizações é função de três elementos inter-relacionados:

- **Habilidades dos empregados:** os empregados têm as habilidades necessárias para desempenhar seus papéis?

- **Motivação dos empregados:** os empregados estão motivados para aplicar essas habilidades?
- **Foco estratégico dos empregados:** os empregados compreendem como seu trabalho contribui para a implementação bem-sucedida da estratégia da empresa e têm oportunidades de aplicar esse conhecimento?

O alinhamento é importante para que os empregados desenvolvam o foco estratégico necessário à implementação dos objetivos da empresa. A abordagem MAS (Mapa de Alinhamento dos Sistemas) permite que se compreendam as percepções dos empregados acerca desses sistemas. Para desenvolver o Mapa de Alinhamento dos Sistemas, são recomendados os seguintes passos:

- identifique os principais vetores estratégicos da empresa;
- identifique os elementos críticos do sistema de recursos humanos que devem impulsionar a implementação da estratégia;
- realize sessões mensais ou trimestrais para a avaliação do alinhamento, nas quais o Mapa de Alinhamento de Sistemas seja o foco das discussões.

A recuperação teórica realizada para este estudo demonstra que duas metodologias de avaliação de resultados de recursos humanos predominam na literatura: *benchmarking* como sistema de avaliação proposto por Fitz-Enz e *Balanced Scorecard*, adaptado por Huselid, Ulrich e seus seguidores. Nos tópicos seguintes descrevemos os resultados das pesquisas empíricas que buscam identificar as práticas adotadas por organizações brasileiras.

6.3 Descrição dos resultados

Com base nesse referencial teórico, realizou-se um *survey* com profissionais da área de recursos humanos, visando avaliar o quanto a percepção sobre a importância da questão da mensuração correspondia ao proposto pela literatura. Buscava-se também identificar quais metodologias eram adotadas pelos profissionais da área, nas suas iniciativas de mensuração de resultados em recursos humanos. Para tanto, utilizamos como instrumento de coleta de dados um questionário que foi encaminhado para profissionais de recursos humanos de empresas, portes e segmentos variados.

Do total de 120 profissionais, a quem endereçamos a pesquisa, 32 responderam a tempo para que se realizasse a tabulação de dados. Analisando os resultados, pode-se constatar que cerca de 90% dos respondentes consideram que mensurar resultados em recursos humanos é uma importante preocupação do profissional da área. Ou seja, a grande maioria de respostas corrobora as recomendações dos autores abordados no item anterior.

Para 60% dos respondentes, os sistemas e procedimentos tradicionais não atendem à demanda de indicar os reais resultados para a avaliação da função de recursos humanos nas organizações. Os pesquisados informaram que suas empresas coletam e utilizam indicadores específicos e objetivos de recursos humanos, tais como *turn-over*, valor da folha de pagamento, horas de treinamento, entre outros. Mas a totalidade deles discorda de que esses dados são os únicos capazes de apoiar as decisões da área, uma vez que foram unânimes em negar a seguinte afirmação: "Somente é possível mensurar dados quantitativos, como *turn-over*, evolução da folha de pagamento, custos de aumentos individuais, horas de treinamento."

Mais da metade dos profissionais consultados consideram que as informações atualmente coletadas, bem como a sua periodicidade, não atendem adequadamente à demanda das suas organizações. Dessa resposta depreende-se a necessidade de sistemas mais eficientes de avaliação das atividades da área, demonstrando também que não há metodologias disseminadas e aceitas por essas organizações.

A totalidade dos profissionais entende que, na nova concepção de gestão de negócios e pessoas, é fundamental ampliar o conjunto de indicadores de resultados, tangíveis e intangíveis, deixando claro e transparente o valor gerado pelas ações da área de recursos humanos. Entretanto, um grande percentual de respondentes ainda não adota esses mecanismos de mensuração (80%), considerando que outras prioridades da área ainda não permitem a implantação de um projeto dessa natureza.

A consulta à literatura e a sondagem anterior, realizada com profissionais de recursos humanos, demonstravam que quatro métodos poderiam ser utilizados como fontes de informação sobre gestão de pessoas; são eles os seguintes métodos: (1) *Balanced Scorecard* aplicado a recursos humanos (conforme literatura); (2) metodologia desenvolvida pelo Saratoga Institute (Jack Fitz-En – conforme literatura); (3) métodos recomendados pelo Prêmio Nacional de Qualidade; e (4) resultados da pesquisa Melhores Empresas para se Trabalhar (Revista Exame Você S. A.). Essas fontes de informações foram oferecidas aos respondentes e sobre elas perguntava-se qual era a mais conhecida, a mais aplicada nas empresas e a mais recomendada na opinião dos profissionais pesquisados.

Como resultado, observa-se que o *Balanced Scorecard* aplicado a recursos humanos é a ferramenta mais conhecida – 80% dos profissionais assim o afirmaram –, a mais utilizada e também a mais recomendada pelos pesquisados. Eles afirmam também que essa metodologia é capaz de indicar a criação de valor de recursos humanos para a organização, contribuindo assim para preservar e ampliar o espaço da área na empresa.

A análise das respostas quantitativas parece revelar uma contradição em termos. Ao mesmo tempo em que se alega ser muito importante medir a contribuição da área de recursos humanos para o negócio, constata-se que a maioria ainda não o faz, dedicando-se a outras prioridades. Também é contraditório o fato de que todos questionam os sistemas tradicionais de mensuração, como indicadores de rotatividade, custos e evasão, mas a maior parte deles ainda utiliza apenas esses dados para avaliar o desempenho da área. Assim, embora se constate um questionamento dos sistemas atuais de mensuração, não se observa nenhuma ação efetiva para buscar alternativas de superar as suas limitações.

Considerando as respostas dos profissionais de recursos humanos, objeto do *survey* realizado, podemos observar que elas corroboram o referencial teórico quanto à necessidade de novos mecanismos de avaliação para que a área ocupe o papel a ela reservado nas organizações competitivas. Evidenciam também que na percepção dos respondentes o *Balanced Scorecard* é uma alternativa capaz de dar conta dessa tarefa. Em contrapartida, constata-se que não há iniciativas concretas de implantação desses sistemas de mensuração em função de "outras prioridades", o que contraria a ideia de que a área vem se posicionando de forma mais estratégica nas organizações.

6.4 Estudo de caso da Natura

Nascida há 33 anos, a empresa, de capital inteiramente brasileiro e sempre conduzida por crenças e valores muito arraigados em sua cultura, tem destacada atuação nas áreas de pesquisa, criação, desenvolvimento, distribuição e comercialização de cosméticos, produtos de higiene, perfumaria e saúde. A organização é também bastante reconhecida por adotar políticas de recursos humanos inovadoras e um posicionamento estratégico diferenciado. Esse perfil empresarial, focado em recursos humanos e orientado estrategicamente, aliado ao fato de que se conhecia a intenção da empresa de implantar o *Balanced Scorecard*, definiram a sua escolha para efeito deste estudo.

Para compor o estudo de caso, foram realizadas entrevistas estruturadas com profissionais da área de Planejamento Estratégico e com profissionais da área de recursos humanos, todos eles envolvidos na implementação do *Balanced Scorecard* na área de recursos humanos.

Analisando as respostas das entrevistas e documentos obtidos na empresa, verifica-se que a Natura vem medindo seus processos desde 1994. Em 2001, porém, assumiu o compromisso de divulgar os indicadores de desempenho e os resultados da companhia, em suas dimensões econômicas, sociais e ambientais, integrando em seus relatórios anuais informações relevantes aos seus diversos públicos de relacionamento (Relatório Anual de Responsabilidade Corporativa – 2001). Entre 2001 e 2002, ocorreu um movimento corporativo no qual as áreas começaram a medir seus processos de forma mais estruturada com o objetivo de melhor controlar os custos, aumentar a produtividade, desenvolver novos produtos, aprimorar processos e fidelizar clientes. O objetivo era focar as necessidades desses clientes, superando suas expectativas e, com isso, assegurar uma expansão no mercado.

A implementação de um sistema de gestão de informações corporativo e o fato de todos os gestores terem as suas metas de Participação dos Lucros e Resultados ligadas à gestão orçamentária também contribuíram para esse processo de alinhamento à estratégia. No mesmo ano, de 2002, a área de recursos humanos iniciou um processo de reflexão sobre os indicadores que eram realmente relevantes para o seu negócio, criando rituais de acompanhamento e realizando *benchmarks*. Nessa fase, alguns obstáculos foram identificados pelos gestores do projeto: *os relatórios desses indicadores não eram compartilhados com todos os colaboradores de recursos humanos, as informações por eles emitidas não eram confiáveis e as pessoas não eram comprometidas com o processo de avaliação.*

Para superar essas dificuldades, a Natura passou a implementar, em 2003, a ferramenta gerencial *Balanced Scorecard*. O objetivo desse investimento consistia em ganhar agilidade e qualidade nos processos, verificar os impactos nos resultados entre as áreas e na empresa e ter uma única ferramenta gerencial de mensuração de resultados.

Durante a construção deste estudo de caso, os indicadores disponíveis ainda não estavam totalmente alinhados com a estratégia na época da pesquisa. Nesse período, a empresa implantava o *Balanced Scorecard* nas áreas de recursos humanos, Operações e Logística, Comercial, Inovação, Assuntos Corporativos, Tecnologia da Informação, Finanças e Jurídico. Foram definidos indicadores específicos para cada área de acordo com os impactos que se preveem no resultado do negócio. Para acompanhar esses indicadores, a área de recursos humanos optou por dois rituais mensais de gestão:

1. reunião de alinhamento entre os colaboradores da área de recursos humanos;
2. reunião de apresentação dos indicadores para os Presidentes e Diretores da empresa.

Durante essas reuniões, a área deve definir um Plano de Ação para reverter eventuais resultados negativos sinalizados por algum indicador. Tal estratégia corresponde ao que a literatura recomenda: *"Uma das maneiras mais eficazes de reforçar o papel estratégico de recursos humanos é a realização de sessões mensais e trimestrais para a avaliação do alinhamento"* (BECKER; HUSELID; ULRICH, 2001).

Com a implementação do *Balanced Scorecard*, espera-se o alinhamento estratégico e a definição de quais indicadores realmente são importantes para o negócio. Dentro do modelo do *Balanced Scorecard* desenvolvido pela Natura, além das quatro perspectivas sugeridas por Kaplan e Norton, ou seja, "Perspectiva Financeira", "Perspectiva Clientes", "Perspectiva Processos Internos" e "Perspectiva Aprendizado e Crescimento", a empresa optou por incluir mais duas, a "Perspectiva Social" e a "Perspectiva do Meio Ambiente", consideradas especificidades relevantes para o negócio da empresa.

Na época de realização desta pesquisa, estavam em desenvolvimento os indicadores de cada eixo ou perspectiva para a área de recursos humanos. Verificou-se nas entrevistas que as informações da área de recursos humanos, bem como a sua periodicidade, ainda não permitiriam a construção dos indicadores para esses eixos. Os entrevistados afirmavam que o sistema de informações era ainda precário e muitas informações eram produzidas manualmente. Constatou-se também que não havia um consenso sobre a composição dos indicadores de mensuração, ou seja, sobre quais medidas iriam realmente constatar o alinhamento estratégico da área. Observa-se assim que o processo de legitimação dos indicadores é muito importante, como etapa fundamental da implantação de um sistema como o *Balanced Scorecard* em recursos humanos.

Embora não estivessem ainda definidos, a maioria dos profissionais entrevistados acreditava que os principais indicadores que alavancariam o papel da área na estratégia geral da empresa seriam relacionados ao Desenvolvimento Organizacional e ao Planejamento de recursos humanos. O sistema deveria contemplar informações sobre: processo sucessório, competências, clima organizacional, *turn-over* de talentos e aproveitamento de pessoal interno em cargos chave.

A área de Planejamento Estratégico é responsável pela implementação do *Balanced Scorecard e* se reporta diretamente à Presidência. A base de indicadores que alimentará o *Balanced Scorecard* está em desenvolvimento, sendo que essa base contava com aproximadamente 800 indicadores e o objetivo é de operar com 1.500 depois de complementar a implantação. Vale observar que as plataformas de desenvolvimento por área também já estão disponíveis. Como dito anteriormente, a área de recursos humanos definirá o número de indicadores que ficarão nessa base, razão pela qual ainda não foi possível constatar a sua quantidade exata.

Os entrevistados de recursos humanos acreditam que o *Balanced Scorecard* irá permitir um melhor acompanhamento dos processos e resultados da empresa, garantindo uma ligação direta com a estratégia, possibilitando monitorar melhor os indicadores e apontar tendências com maior assertividade. O *Balanced Scorecard* passará a ser utilizado em todas as reuniões "corporativas" de negócios, sendo que já se identificam claramente um comprometimento e o envolvimento de todas as áreas da empresa com esse projeto. Essas constatações verificadas nas entrevistas coincidem com o que afirma Becker sobre o *Balanced Scorecard* aplicado a recursos humanos: *"O Scorecard de recursos humanos possibilita duas coisas importantes: gerenciar recursos humanos como ativo estratégico e demonstrar a contribuição de recursos humanos para o sucesso financeiro da empresa"* (BECKER; HUSELID; ULRICH, 2001).

O método de implantação do *Balanced Scorecard* na empresa pressupunha que cada área disponibilizasse dois colaboradores para participarem dos *Workshops* de *Balanced Scorecard*. Neles, os participantes deveriam conhecer os principais conceitos da ferramenta para elaborarem os **Mapas Estratégicos das áreas**. Esses colaboradores também assumiram o papel de multiplicadores do *Balanced Scorecard* na Natura.

O Mapa Estratégico de recursos humanos já foi elaborado de acordo com o Mapa Estratégico da Natura (geral) e os objetivos estratégicos de recursos humanos (PEA – Planejamento Estratégico por áreas – recursos humanos). O desenvolvimento do mapa estratégico de recursos humanos confirma pontos importantes citados por Kaplan e Norton:

- **o *Balanced Scorecard* permite uma visão sistêmica com entendimento das relações de causa e efeito:** "A contribuição mais relevante é permitir uma análise detalhada dos desvios dos objetivos, assim como as medidas corretivas necessárias" (KAPLAN; NORTON, 1996). Além da visão do todo, a Natura conseguiu identificar onde estavam os desvios e como retomar o processo;

- **permite o gerenciamento da organização com foco nas suas prioridades:** o processo esclareceu quais são os indicadores relevantes dos objetivos estratégicos e que são indicadores aferindo se os planos ligados aos fatores críticos de sucesso estão sendo cumpridos;

- **estrutura o sistema de medição da organização:** dois são os benefícios que a ferramenta já proporcionou na Natura, segundo os entrevistados:

    1. a melhoria da comunicação, pois todos utilizam uma única ferramenta;
    2. comprometimento dos colaboradores que medem determinado indicador. O colaborador sabe que esse indicador está sendo visto por toda companhia e com isso se sente mais responsável.

- **o *Balanced Scorecard* está permitindo a tradução dos objetivos estratégicos em um conjunto de indicadores de desempenho de recursos humanos:** a totalidade dos entrevistados entende que a área de recursos humanos pode respaldar a estratégia através de práticas e processos que estão alinhados com os objetivos estratégicos. Também entende que a área de recursos humanos da Natura atende às demandas da empresa com qualidade, mas deve ter um papel ainda mais transformador. Os atuais sistemas de informação sobre recursos humanos são limitados para que a área possa cumprir adequadamente esse papel. Isso confirma os pressupostos teóricos do *Balanced Scorecard* aplicado a recursos humanos nos quais se afirma: "A eficiência de recursos humanos reflete a extensão em que a função de recursos humanos é capaz de ajudar o resto da empresa a gerar as competências necessárias, com eficácia, em relação ao custo. Isso não significa que recursos humanos deva simplesmente minimizar custos, sem levar em conta os resultados" (BECKER; HUSELID; ULRICH, 2001).

6.5 Considerações finais

As questões-chave que nortearam o presente capítulo foram:

- identificar na literatura as diferentes propostas de mensuração da função de recursos humanos;
- analisar a percepção de um grupo de profissionais de recursos humanos sobre essas diferentes metodologias e sua adoção nas organizações brasileiras;
- verificar a possibilidade de aplicação dessas metodologias em uma organização de destaque no cenário nacional.

Por meio do levantamento teórico, do estudo de caso e do *survey* com profissionais de recursos humanos, pudemos verificar que a questão de mensuração da contribuição de recursos humanos para o negócio ainda é um assunto atual. Está presente na literatura e na preocupação dos executivos de recursos humanos brasileiros. Porém, é polêmico e pouco incorporado pelas organizações em termos práticos.

Embora os respondentes da pesquisa *survey* sejam unânimes quanto à importância da mensuração do impacto de recursos humanos no negócio, não identificamos, no Brasil, organizações que adotem sistemáticas abrangentes e estruturadas com esse objetivo. Várias empresas mensuram as atividades de recursos humanos adotando indicadores tradicionais, voltados para processos da própria área e não para o resultado da empresa. Na grande maioria dos casos, o que se mensura são dados quantitativos referentes a *turn-over*, evolução do valor da folha de pagamento, custos individuais, horas de treinamento, dentre outros. Mas praticamente todos os profissionais que responderam à pesquisa entendem que esses sistemas não atendem mais à demanda de indicar os reais resultados da função de recursos humanos como parceiro estratégico do negócio.

Isso reflete uma cobrança que o profissional de recursos humanos vem recebendo dos dirigentes de empresas que, de modo geral, estão cada vez mais preocupados com o monitoramento do seu desempenho. Frente a essa demanda, o profissional acredita que o *Balanced Scorecard* aplicado a recursos humanos pode ser uma boa alternativa, mas parece não estar preparado para implementá-lo. Justifica-se alegando, contraditoriamente, falta de prioridade. Essa aparente incoerência pode decorrer da novidade do assunto, que é bastante recente no mundo e mais ainda na realidade brasileira.

As propostas de mensuração identificadas como mais conhecidas, no contexto atual, são:

- *Balanced Scorecard* aplicado a recursos humanos;
- metodologia desenvolvida pelo Saratoga Institute (Jac Fitz-Enz);
- métodos de Prêmio Nacional de Qualidade;
- melhores empresas para se trabalhar.

Segundo os respondentes da pesquisa, o *Balanced Scorecard* em Recursos Humanos é o método de mensuração mais conhecido ou recomendado. Os profissionais acreditam também que nas empresas em que foi implementado teria possibilitado a criação de valor para a organização, contribuindo assim para preservar e ampliar o espaço do recursos humanos.

As outras possibilidades de mensuração, como a metodologia do Saratoga Institute, Prêmio Nacional da Qualidade e Melhores Empresas para se Trabalhar, são indicadores que permitem mensurar e estabelecer um comparativo com as melhores práticas do mercado, possibilitando até mesmo uma "melhora" ou "desenvolvimento" desses indicadores; porém, na visão dos respondentes, não garantem o alinhamento com a estratégia da empresa. Em outras palavras, podem indicar a necessidade de investimentos em ações que não agreguem valor efetivo ao negócio.

Segundo os resultados do *survey*, o *Balanced Scorecard*, apesar de ser uma ferramenta nova e ainda pouco explorada, é uma das propostas mais adequadas para mensurar a contribuição da função de recursos humanos para o negócio. Ela seria mais indicada por demonstrar com clareza os indicadores que, de fato, fazem diferença para o negócio, ligando estratégia a ações práticas.

O estudo de caso da Natura reforçou essa ideia, pois, por meio da análise dos indicadores do *Balanced Scorecard*, o recursos humanos da empresa parece ter sido estimulado a monitorar o impacto nos resultados e a apontar tendências com mais assertividade. Ele poderá assim participar do debate estratégico na organização, além de criar e acompanhar linhas de ação coerentes com a estratégia geral da empresa.

Adicionalmente, pudemos também observar neste estudo que a área de recursos humanos passou a se posicionar de forma mais comprometida com o resultado e desempenho geral da organização, o que pode ser respaldado pelo seu envolvimento efetivo com o desenvolvimento da nova ferramenta. Além dos indicadores tidos como "convencionais", estima-se que possam impactar diretamente na estratégia da empresa fatores como processo sucessório, competências, clima organizacional e aproveitamento de pessoal interno. São indicadores que estão diretamente relacionados ao grande desafio de retenção de talentos, associado ao objetivo de que as competências essenciais da empresa sejam desenvolvidas e asseguradas.

Entretanto, o caso Natura demonstra que há desafios a serem superados na implantação do *Balanced Scorecard* como mensurador de recursos humanos. Um deles é a legitimação dos indicadores mais coerentes com a estratégia da empresa, o que pode ser motivo de debate e polêmica interna, os quais devem ser coordenados com cuidado pelos gestores do projeto. Mas há também dificuldades mais específicas, tais como:

1. a necessidade, definição e estruturação de uma base de dados que alimente os indicadores, o que nem sempre é previsto pelos sistemas de informação convencionais;
2. a dúvida sobre quais procedimentos utilizar para a definição do quê e como medir a agregação de valor efetivo ao negócio;
3. a decisão de como conciliar a implantação da ferramenta com outras prioridades rotineiras da área.

Finalmente, vale dizer que o fenômeno abordado neste estudo encontra-se em processo de evolução e não comporta conclusões definitivas. Talvez uma das principais constatações da pesquisa seja a evidência de um descompasso entre o que é recomendado pelos autores mais prescritivos e as possibilidades reais de implantação de mudanças no campo da mensuração de impactos de recursos humanos. A comunidade profissional mostra-se envolvida e preocupada com esse debate, o que demonstra maturidade e reconhecimento do seu papel no mundo competitivo. Entretanto, embora seja um imperativo dos tempos atuais demonstrar valor agregado, as metodologias hoje disponíveis para aferi-lo, como o *Balanced Scorecard*, são apenas indicativas. Cabe a cada profissional construir a melhor solução para a realidade organizacional em que está inserido. Como vimos no decorrer deste capítulo, ainda há várias dúvidas sobre como fazer isso, porém duas certezas podem ser constatadas: a necessidade do profissional de recursos humanos orientar seu projeto em teoria sólida de um lado, e de outro, estar em permanente diálogo com os gestores dos negócios de sua empresa. São essas as duas condições que podem dar legitimidade para um sistema de mensuração de resultado de recursos humanos.

Referências

ALBUQUERQUE, Lindolfo. G. A gestão estratégica de pessoas. In: Vários autores. *As pessoas e a organização*. São Paulo: Gente, 2002.

BECKER, Brian E.; HUSELID, Mark A.; ULRICH, Dave. *Gestão estratégica de pessoas com "scorecard"*. Rio de Janeiro: Campus, 2001.

BOYETT, Joseph; BOYETT, Jimmie. *O guia dos gurus*. Rio de Janeiro: Campus, 1999.

_____. *O guia dos gurus II*. Rio de Janeiro: Campus, 2001.

CAMP, Robert. *Benchmarking*: the search for industry best practices that lead to superior performance. Milwaukee: American Society for Quality Control Press, 1989.

CARAVANTES, Geraldo R. *Recursos humanos*: estratégicos para o 3º milênio. Porto Alegre: AGE, 1993.

CHIAVENATO, Idalberto. *Como transformar recursos humanos (de um centro de despesa) em um centro de lucro*. São Paulo: Makron, 1996.

DRUCKER Peter F. *Fator humano e desempenho*. São Paulo: Pioneira, 1991.

DUTRA, Joel S. *Gestão por competências*. São Paulo: Gente, 2001.

EVANS, Paul A. L. The strategic outcomes of human resource management. *Human Resource Management*, v. 25, nº 1, p. 149-67, 1986.

EXAME, São Paulo, edição 787, ano 37, nº 5, mar. 2003.

FISCHER, A. L. Um resgate conceitual e histórico dos modelos de gestão de pessoas. In: Vários autores. *As pessoas na organização*. São Paulo: Gente, 2002.

_____; ALBUQUERQUE, Lindolfo Galvão. *Delphi RH 2010*. Relatório de pesquisa. São Paulo: PROGEP-FIA/FEA/USP, 2004.

FISCHMANN, Adalberto A.; ALMEIDA, Martinho I. R. *Planejamento estratégico na prática*. São Paulo: Atlas, 1991.

FITZ-ENZ, Jac. *Retorno do investimento em capital humano*. São Paulo: Makron, 2001.

_____. *How to measure human resources management*. New York, USA: McGraw-Hill, 1984.

FLEURY, M. T. L. (Coord.). *As pessoas na organização*. São Paulo: Gente, 2002.

FLEURY, Afonso; FLEURY, Maria T. L. *Estratégias empresariais e formação de competências*. São Paulo: Atlas, 2001.

GIL, Antonio C. *Gestão de pessoas*. São Paulo: Atlas, 2001.

GUBMAN, Edward L. *Talento*. Rio de Janeiro: Campus, 1999.

GUEST, D.; HOQUE, K. Yes. *Personnel does make a differencer.* Londres: Personnel Management, 1994.

HAMEL, Gary; PRAHALAD, C. K. *Competindo pelo futuro.* Rio de Janeiro: Campus, 1995.

HARVARD BUSINES REVIEW. *Medindo o desempenho empresarial.* 2. ed. Rio de Janeiro, 2000. (Série Harvard Business – Review Book.)

KAPLAN, Robert S.; NORTON, David P. *The balanced scorecard.* Boston, MA: Harvard Business School Press, 1996.

MARTINS, Gilberto de A.; LINTZ, Alexandre. *Guia para elaboração de monografias e trabalhos de conclusão de curso.* São Paulo: Atlas, 2000.

NATURA. *Relatório anual de responsabilidade corporativa,* 2001.

NEFF, Thomas J.; CITRIN, James M. *Lições de sucesso.* São Paulo: Negócio, 1999.

PASTORE, José. *A evolução do trabalho humano.* São Paulo: LTr, 2001.

_____. *Trabalho, família e costumes.* São Paulo: LTr, 2001.

STEWART, Thomas A. *Capital intelectual.* Rio de Janeiro: Campus, 1998.

ULRICH, Losey; LAKE. *Tomorrow's HR management.* John Wiley, 1997.

ULRICH, Dave (Org.). *Recursos humanos estratégicos*: novas perspectivas para os profissionais de recursos humanos. São Paulo: Futura, 2000.

VIEIRA, Élio. *Recursos humanos*: uma abordagem interativa. São Paulo: Cedas São Camilo de Desenvolvimento em Administração de Saúde, 1994.

VIEIRA, Marcelo M. F.; OLIVEIRA, Lúcia M. B. *Administração contemporânea.* São Paulo: Atlas, 1999.

WHITTINGTON, Richard. *O que é estratégia.* São Paulo: Pioneira Thomson Learning, 2002.

WOOD JR., T.; PICARELLI FILHO, Vicente. *Remuneração estratégica.* São Paulo: Atlas, 1999.

YIN, Robert K. *Estudo de caso*: planejamento e métodos. Porto Alegre: Bookman, 2001.

7

Gênero feminino e carreira nas organizações

Tania Casado
Angela Simone Nicoleti Donadel
Simone Cristina Cleim Rabah
Sueli Regina de Freitas Campos

7.1 Introdução

Questões em torno da conquista de espaço e presença da mulher têm sido alvo de discussão nos dias atuais nos mais diversos contextos: na área da educação, pelo aumento do número de mulheres que frequentam escolas e universidades; no âmbito das relações familiares, ressaltando o grande desafio de conciliação do seu papel pessoal e profissional; e no campo das organizações, em temas vinculados à diversidade, aos modelos de gestão, de competência e liderança.

Visando contribuir com essa área de pesquisa, este capítulo apresenta os resultados de um estudo que teve o objetivo de melhor compreender o mercado de trabalho para as mulheres. Nele se analisa o perfil das mulheres que ocupam hoje posições de liderança na hierarquia das organizações, identificando os fatores que contribuíram para a ascensão profissional dessas mulheres.

Diversas estatísticas apontam que, ao longo do tempo, as mulheres vêm se preparando para assumir cada vez mais posições de liderança nas organizações, o que requer um alto grau de formação educacional, vasta experiência profissional e domínio de competências técnicas e comportamentais, que podem ou não estar ligadas ao gênero. Nos novos cenários, onde o modelo de liderança pautado pela força e hierarquia vem sendo substituído por um modelo mais flexível, não se pode subestimar a contribuição da mulher.

Com a evolução do papel da mulher na sociedade e no trabalho, cabe a reflexão sobre por que essa mulher, que evoluiu política, social e profissionalmente, tarda ou não consegue alcançar sua evolução para os altos cargos de direção nas organizações.

O estudo aqui relatado teve por objetivo averiguar se realmente existe um número menor de mulheres ocupando cargos executivos e de liderança nas organizações, comparativamente ao número de homens, e se existem ou não fatores coincidentes que contribuem para a ascensão das mulheres executivas a cargos de direção.

Consideramos que esses resultados poderão contribuir para o debate de questões relacionadas à diversidade, além de ser assunto de interesse para as protagonistas deste tema: as próprias mulheres, os profissionais de recursos humanos e os dirigentes empresariais de uma forma geral.

7.2 Evolução histórica da mulher nas sociedades e no trabalho

A mulher nas sociedades primitivas

Os estudos sobre o passado da humanidade indicam que, provavelmente, a ordem social era fluida e permissiva, e os primeiros grupos sociais foram matrilocais e matrilineares.

Nos históricos sobre as sociedades primitivas, aparecem os indícios de divisão de trabalho por gênero que, entre outras coisas, obedecia a diferentes critérios relacionados aos padrões culturais de cada grupo. De fato, as diferenças na divisão do trabalho parecem terem sido originadas pela função reprodutora das mulheres e por seu papel na alimentação e proteção dos filhos. Mesmo hoje, nas sociedades mais avançadas, percebe-se que as mulheres continuam com seu papel de proteção e cuidado aos filhos, adicionado ao trabalho fora do lar, cumprindo uma dupla jornada de trabalho que, de forma geral, nunca existiu no universo masculino.

Idade Média

As mulheres, em geral, fiavam, teciam, cuidavam dos animais e das hortas, enquanto os homens faziam o trabalho agrícola mais pesado e as guerras. Em meados do século X até fins do século XII, era muito difundido usar o nome da família da mulher, e não do marido. Outro domínio em que as mulheres foram influentes foi no interior da Igreja institucional.

De acordo com Rose Marie Muraro, "a partir do século XIII, as grandes mulheres da Igreja desaparecem". As mulheres passaram a não ter mais direito a estudar em universidades e a ensinar. Por volta do século XIV, as mulheres foram proibidas de praticar a cirurgia na França, Itália e muitos outros países. Muitas somente conseguiam trabalhar quando encontravam um homem que se responsabilizasse por seu trabalho e ficasse com os créditos.

Nessa época, as mulheres praticavam os cuidados de saúde, fossem elas parteiras ou curandeiras, manipulando instrumentos cirúrgicos ou ervas; entretanto, eram os homens a serem treinados para as profissões médicas.

A maioria das mulheres que curavam trabalhava gratuitamente ou apenas por algo que as mantivesse vivas, não tentando fazer das suas profissões fontes de poder. Por outro lado, a Igreja, cercada de rigidez e em busca do conhecimento e do poder, considerava os elementos que não estavam sobre o seu domínio ou controle como não ortodoxos e, portanto, dignos de extermínio. Foi o que aconteceu com essas mulheres consideradas subversivas, porque desafiavam a iniciante classe dos profissionais médicos do gênero masculino.

Dessa forma, a perseguição às cirurgiãs e curadoras tradicionais, o que se chamou de caça às bruxas, se intensificou à medida que ia se solidificando o poder médico.

Na maioria dos países, depois da caça às bruxas, começa a ser vetado às mulheres o direito à educação e à herança. As viúvas não podiam gerir suas propriedades e passavam a ficar sob a guarda de outro homem da família. Desde então, e até há poucas décadas, todas as mulheres passaram a ser consideradas menores incapazes em termos jurídicos e políticos.

Capitalismo e industrialização

No século XV, acontecimentos como a invenção da imprensa por Gutemberg, as grandes navegações que ampliaram os limites físicos do mundo medieval e a descoberta do sistema solar, por Giordano Bruno e Galileu, deram origem a uma nova maneira de ser, e a novas relações econômicas, políticas, sociais, científicas, culturais e artísticas. Nos séculos que se seguiram, outras importantes mudanças ocorreram: o capitalismo, que surgiu a partir do século XVI, e a máquina a vapor, que foi inventada no século XVIII, tiveram enorme importância para todo mundo e especialmente para a civilização ocidental.

Com a chegada da máquina a vapor, a energia mecânica passou a substituir a energia muscular humana, mudando radicalmente as relações do ser humano com seu trabalho, e, consequentemente, com o meio ambiente, consigo mesmo e com os outros.

Construíram-se as primeiras fábricas e com elas começam a se formar aquilo que viriam a ser os grandes aglomerados urbanos, formando o embrião da classe operária. Pouco a pouco, o poder foi passando dos senhores da terra para os burgueses, donos do capital e das novas fábricas. Em fins do século XVIII, a Declaração de Independência norte-americana e a Revolução Francesa marcaram a entrada desses países na Era Industrial. A história relata a participação da mulher como muito expressiva nesses eventos (MURARO, 2002). Na Revolução Francesa, em 1789, seu papel foi decisivo na tomada da Bastilha, quando uma enorme multidão de mulheres famintas avançou sobre Versalhes no ato em que pôs fim à monarquia. Finalmente, quando a monarquia foi destronada, as novas cidadãs foram em busca dos seus Direitos junto à Assembleia do Povo, mas a Revolução Francesa foi considerada uma revolução de homens e a Assembleia, representada pelos deputados do povo, concluiu que não poderiam redigir os Direitos da Mulher no dia em que nasceu a Declaração dos Direitos do Homem.

Quase 60 anos mais tarde, em 1848, no mesmo ano da edição do "Manifesto Comunista", nos Estados Unidos, as mulheres se reuniram para debater suas reivindicações: eram as primeiras feministas, realizando o primeiro encontro desse tipo da sua história. Na Convenção de Sêneca Falls, as mulheres, não mais satisfeitas com seu papel único de donas de casa, reivindicavam a sua volta ao domínio público; entre seus argumentos, diziam que a presença da mulher poderia atenuar o difícil e selvagem jogo da civilização industrial. Elas desejavam a plena cidadania através do voto, educação e mais direitos legais. A convenção foi pífia em resultados, mas contribuiu para que, no século XX, em 1920, o direito de voto para as mulheres fosse conquistado.

As feministas, em busca do direito ao voto, à educação e a melhores oportunidades de trabalho, lançaram-se em uma luta constante e contínua, numa sociedade que era hostil às suas reivindicações. Naquela época, as mulheres não podiam viajar sozinhas, falar em público e muito menos criar perturbações à ordem estabelecida. Como a luta dessas feministas do século XIX centrava-se no voto, foram denominadas de sufragistas. Elas pensavam que, alcançada essa cidadania, as outras reivindicações seriam automaticamente conquistadas. Hoje, um século depois, as condições de trabalho e de vida das mulheres parecem indicar que isso não aconteceu. As sufragistas também se dedicaram a outros movimentos, como a abolição da escravatura e lutas sindicais do movimento operário em busca de melhores condições de trabalho para as mulheres. Em função disso, houve também conflitos ideológicos entre mulheres da classe média e mulheres operárias; as sufragistas participaram de muitas greves, algumas das quais violentas.

No século XIX, com a Administração Científica, a sociedade industrial regulamentou-se de tal forma que os operários eram controlados em seus menores gestos, na hora em que entravam, saíam, comiam ou iam ao banheiro; tudo era rigorosamente verificado e medido com o objetivo de aumentar a produtividade. A fragmentação dos processos de trabalho daí originada passou à fragmentação das outras instâncias da vida. O sistema industrial que, em princípio, deveria ser libertador de energia e de mais vida, acorrentou o trabalhador ao ritmo da máquina e da produção. Violências cotidianas na linha de produção foram coroadas por violências estarrecedoras para as mulheres trabalhadoras.

Talvez o primeiro exemplo de violência contra a mulher tenha ocorrido em março de 1857, quando foram queimadas vivas 150 mulheres, trancadas por seus patrões dentro de uma fábrica por reivindicarem melhores salários e redução de jornada de trabalho. Em 1975, a ONU incluiu o dia 8 de março em seu calendário oficial de comemorações, e a data passou a ser reconhecida como um marco da luta feminina pela defesa dos direitos humanos – o Dia Internacional da Mulher. O movimento das mulheres que agitaram a segunda metade do século XIX tornou-se vitorioso na segunda década do século XX. A partir de então muitos países industrializados deram direito de voto às mulheres.

No Brasil, isso aconteceu em 1934, por reivindicação de Bertha Lutz e seu grupo. Com isso, as feministas acreditavam que a emancipação feminina aconteceria naturalmente. Entretanto, as discriminações continuaram, tanto nas fábricas como nas profissões liberais. Da variação salarial à intimidação física, da desqualificação intelectual ao assédio sexual, as mulheres tiveram sempre que lutar contra inúmeros obstáculos para ingressar em um campo definido, pelos homens, como "naturalmente masculino".

Esses obstáculos não se limitavam ao trabalho nas indústrias, mas começavam pela hostilidade de como o trabalho feminino era tratado no interior da família. Segundo Del Priore et al. (2001), os homens se valiam de uma boa estratégia que era não socializar as informações, procurando dessa forma preservar seu espaço na esfera pública e consequentemente limitar ou desqualificar o trabalho feminino.

Originado pelo processo de modernização da agricultura, na virada dos anos 50 para os anos 60, iniciou-se um grande êxodo dos trabalhadores das fazendas para as cidades. As mulheres novamente procuraram trabalho fora de casa. O fato de sair de casa representou profundas mudanças na vida dessas mulheres, como também nas estruturas familiares.

Contudo, isso não provocou a igualdade das relações entre homens e mulheres e nem a inversão na estrutura do poder. A independência feminina não representou o término das desigualdades entre homens e mulheres porque elas não se resumem somente à esfera econômica e material; estão presentes na cultura, nas ideias, nos símbolos e na linguagem, formando um conjunto de representações sociais e relações.

A mulher no Terceiro Milênio

Uma revolução fantástica está acontecendo no limiar do terceiro milênio para a mulher, segundo Muraro (2002): as mulheres estão invadindo o mundo masculino e acabando com a separação entre o mundo privado e o público. A entrada da mulher no domínio público está provocando mudança nas estruturas psíquicas e socioeconômicas, tanto para homens como para mulheres, sem que muitas vezes tais modificações sejam detidamente observadas. À medida que a mulher avança no domínio público, o homem se vê obrigado a entrar para o domínio privado, ajudando a companheira nos trabalhos domésticos e no cuidado com os filhos. Essa mudança impacta e altera as configurações milenares das sociedades de cultura patriarcal.

7.3 O gênero nas organizações

Há duas explicações fundamentais para diferenças de gênero no ritmo e alcance de cargos executivos relacionadas ao **capital humano** e **capital social**. A primeira se refere às diferenças de gênero quanto ao investimento no capital humano – os homens fazem e recebem mais investimentos em sua educação. Geralmente, os investimentos em capital humano resultam em recompensas de pagamento e *status* da função; então, como as mulheres contam com menos investimentos do que os homens, elas acabam por receber menos recompensas e a ter poucos avanços em suas carreiras.

A segunda explicação é que as mulheres são impedidas de avançar ao topo por estereótipos, falta de apoio e exclusão de redes de contato. Isto é **capital social** – a forma pela qual os indivíduos são inseridos nos grupos e nas organizações. Se as mulheres são estereotipadas como inadequadas para o papel executivo (tipicamente visto como masculino), elas têm maior dificuldade em se posicionar nas organizações e não conseguem estabelecer as redes de contato necessárias; consequentemente, têm menos oportunidades para avançar. A conclusão é de que o processo para avançar na carreira, nesse caso, é também diferente para homens e mulheres.

Um novo mundo surge para as organizações, um mundo que exige uma nova forma de pensar, que privilegia cada vez mais o poder da influência e persuasão em vez do poder hierárquico, com uma liderança que foca o relacionamento em detrimento da força. É nesse contexto que surge a crescente preocupação das organizações em formar e reciclar líderes e buscar talentos que possam atender a esse novo perfil de liderança.

De forma antagônica, embora seja crescente a preocupação das organizações na busca dessas novas formas e estilos de liderança, as mesmas parecem ignorar a potencialidade das mulheres, cuja ascensão aos cargos de direção não cresce na mesma proporção. Essa distorção pode, em parte, ser explicada pelo Fenômeno do Teto de Vidro (*Glass Ceiling Phenomenon*). O conceito de teto de vidro foi introduzido na década de 80 nos EUA para descrever uma barreira que, de tão sutil, é transparente, mas suficientemente forte para impossibilitar a ascensão de mulheres a níveis mais altos da hierarquia organizacional. Tal barreira afetaria as mulheres como grupo, impedindo avanços individuais exclusivamente em função de seu gênero, e não pela inabilidade de ocupar posições no topo da hierarquia organizacional.

A busca da mulher por seu aperfeiçoamento educacional é dado estatístico incontestável, basta verificarmos o crescente número de mulheres nas universidades e cursos de pós-graduação. Isso é um indício de que não é por falta de capital humano que a mulher deixa de ascender aos níveis mais altos da organização. De acordo com as análises da Fundação Carlos Chagas, baseadas nas pesquisas do FIBGE (Fundação Instituto Brasileiro de Geografia e Estatística), ao analisar o comportamento da força de trabalho feminina no Brasil nas últimas duas décadas, o primeiro fato a chamar a atenção é o vigor do seu crescimento.

Com um acréscimo de quase 20 milhões, as mulheres desempenharam um papel muito mais relevante do que os homens no crescimento da população economicamente ativa. Enquanto as taxas de atividade masculina mantiveram-se em patamares semelhantes, as das mulheres se ampliaram significativamente de 1983 a 1990 e ainda mais nos anos seguintes, quando atingiram 48%, em 1995.

O fato é que as relações de gênero vão determinar valores diferentes para profissionais no mercado de trabalho, dependendo do fato de esse trabalhador ser homem ou mulher. As mulheres ganham menos do que os homens mesmo que tenham o mesmo vínculo de trabalho, trabalhem o mesmo número de horas, exerçam as mesmas profissões e tenham a mesma escolaridade que eles.

A participação da mulher em funções de liderança no mercado de trabalho está crescendo rapidamente. Segundo estimativas (BOTELHO, 2007), as mulheres representam 27,6% dos 283.995 executivos atualizados nos meses anteriores a setembro do ano 2000, um ano e meio antes eram 23,9%. A participação das mulheres tem aumentado em todas as áreas de atuação; entretanto as áreas industrial e de engenharia com crescimento da participação feminina (7,85% em 1997 e 13,76% em 2000) permanecem culturalmente de domínio masculino. Por outro lado, algumas áreas são mais atraentes para as mulheres, como as de Recursos Humanos, com 53% de participação, Relações Públicas com 47% e Jurídica com 33%.

7.4 Relato do estudo

O estudo aqui relatado contou com uma pesquisa de campo, realizada por meio de entrevistas em profundidade e de um questionário enviado para um grupo denominado "Executivas de São Paulo". Esse grupo, que contava à época em que foram coletados os dados com 70 profissionais, surgiu em março de 2002 e tinha como objetivo principal estabelecer uma rede de contatos para trocar informações e promover a mulher no mercado de trabalho.

O questionário continha 39 questões, e procurava mapear, dentre outros dados, a posição hierárquica e escopo de responsabilidade dessas mulheres, no plano nacional ou mundial. As questões foram divididas em três seções: informações demográficas, levantamento de opinião e comentários gerais adicionais.

Para complementar o estudo, foram realizadas três entrevistas em profundidade com uma subamostra das 22 respondentes aos questionários, utilizando-se um roteiro com 12 questões abertas. As questões tratavam da percepção das entrevistadas a respeito dos múltiplos papéis da mulher, da sua presença nas organizações e das diferenças ligadas ao gênero.

Os achados gerais do estudo mostram que 32% das pesquisadas têm o seguinte perfil: idade entre 36 e 40 anos, é casada, tem filhos pequenos, e provê a maior fonte de renda da casa. Os resultados atestam que são mulheres preocupadas com o seu desenvolvimento pessoal, buscam formação acadêmica em diversas áreas profissionais e se preparam para o mundo profissional globalizado, pois falam, no mínimo, um segundo idioma.

O estudo mostrou que 77% das entrevistadas são casadas ou vivem maritalmente. Usualmente, supõe-se que a combinação "**casamento e filhos**" dificultaria a dedicação ao trabalho, pelo desafio de conciliar os diversos papéis familiares, pessoais e profissionais. Em nosso estudo, entretanto, não só a maioria expressiva das respondentes tem uma vida conjugal estável, como 59% das casadas têm filhos, sendo que 45% deles estão na faixa etária de zero a dez anos, fase em que, reconhecidamente, requerem maior atenção e presença da mãe. Ao serem perguntadas sobre quem é responsável pela maior renda mensal da família, 82% responderam que são elas mesmas e não o cônjuge ou outro membro da família.

Quanto ao nível de escolaridade dos pais, constatou-se que a maioria dos pais (55%) e das mães (82%) das mulheres pesquisadas não possui formação superior, reforçando mais uma vez as diferenças entre as gerações, onde a mulher de gerações anteriores apresenta um menor nível de instrução, dedicando sua vida ao lar e à família. Das executivas respondentes, todas têm, ao menos, uma formação superior; além disso, 91% das entrevistadas concluíram algum curso de pós-graduação (especialização ou MBA). Foi apurado que 95% das entrevistadas dominam o idioma inglês e 45% o espanhol, demonstrando preocupação e dedicação à formação, preparo e constante atualização.

Quanto ao nível de responsabilidade, o estudo mostrou que 50% das respondentes ocupavam posições na liderança de área funcional e 14% ocupavam posições de Presidência. À semelhança da distribuição no mercado de trabalho em geral, foi detectada uma concentração em áreas de ocupação usualmente tidas como femininas: Recursos Humanos (41%), Comercial (18%) e Tecnologia (14%). Com menor frequência, foram encontradas mulheres nas áreas de Finanças (9%), Marketing (6%), Jurídico (6%) e Assuntos Corporativos (6%).

A faixa salarial mensal mais frequente entre as pesquisadas esteve entre 10 e 20 mil reais (36%) e a segunda faixa mais frequente (32% das entrevistadas) apresentou um rendimento mensal de 20 a 30 mil reais. Uma porcentagem de 9% das pesquisadas relatou perceber acima de 30 mil reais de remuneração mensal; outros 9% das respondentes não informaram a renda.

Quanto à equivalência de remuneração entre gêneros, 36% concordam com a afirmação de que a mulher executiva tem remuneração equivalente ao executivo homem de mesma qualificação, cargo e responsabilidades, enquanto outros 36% concordam em parte com essa afirmação. Esses achados são condizentes com os dados de outras pesquisas sobre o trabalho da mulher, que mostram remunerações mais baixas para mulheres quando comparadas à remuneração de homens, em mesmo nível hierárquico, nos patamares mais baixos da pirâmide organizacional; contudo, ao se aproximarem do topo da organização, as mulheres encontram maior equiparação salarial aos profissionais do gênero masculino.

Não parece ser tão importante para a mulher executiva a oferta pela empresa onde trabalham de benefícios específicos do tipo berçário, orientação pediátrica e salão de beleza, pois apenas 32% das respondentes concordaram que esses benefícios sejam relevantes. Muito provavelmente, as mulheres entrevistadas são pessoas de classe socioeconômica, cuja escolha do lugar onde deixar o filho, do pediatra e mesmo do profissional que cuidará de sua aparência obedece a critérios distintos dos critérios usados pela organização ao contratar esses serviços.

Para 68% das respondentes, a proporção de homens e mulheres em cargos de direção foi avaliada como regular ou ruim nas empresas em que trabalhavam, indicando que a percepção das entrevistadas é de que não existe uma distribuição adequada de cargos de comando entre homens e mulheres. Curiosamente, 68% das mulheres que responderam à pesquisa concordaram que as oportunidades de promoção e desenvolvimento eram as mesmas, independentemente do gênero. A análise desses dois resultados pode levar a diferentes interpretações, dentre as quais a de que as mulheres não estariam preparadas para concorrer a cargos de direção; contudo, seria mais apropriado conduzir uma pesquisa qualitativa com entrevistas em profundidade para aprofundar tal questão.

Ainda no tema evolução na carreira, 50% delas disseram não acreditar que, se fossem homens, teriam acelerado a sua carreira além do que já o fizeram, demonstrando sua crença de que o fator gênero não interferiu no seu ritmo de crescimento profissional.

Numa grade de 30 fatores de influência para a ascensão profissional da mulher na carreira sugerida pelo questionário, os sete seguintes foram os mais citados:

- esforço pessoal;
- valores e princípios da pesquisada;
- sua formação e educação;
- seus constantes desafios profissionais;
- o incentivo e apoio do marido ou companheiro;
- habilidades e experiências da respondente; e
- oportunidades de desenvolvimento.

O esforço pessoal teve destaque entre esses fatores de influência. Da mesma forma que o esforço pessoal, o segundo fator mais citado – valores e princípios – independe de gênero e está ligado ao comportamento e à moral do indivíduo.

Outros resultados interessantes foram encontrados nas respostas à pergunta sobre o desejo de equilibrar melhor o seu tempo entre vida pessoal e profissional: a distribuição de tempo médio ideal para essas mulheres foi 34% do tempo à carreira, 27% à família, 11% ao convívio social e lazer, e 11% ao desenvolvimento pessoal. No entanto, essa expectativa está distante de sua realidade, pois, em suas respostas, as mulheres afirmaram que têm dedicado quase o dobro do que gostariam: 65% em média, para suas carreiras, 20% para a família, 6% ao social e lazer, e 3% ao desenvolvimento pessoal. Se a priorização para os assuntos de carreira em relação aos assuntos familiares é notória, outra conclusão, talvez mais importante, é que a principal redução é no tempo dedicado a si mesma, tanto no plano de desenvolvimento como de lazer. No plano profissional, pode-se argumentar que esse fator contribui para o alcance de posições de direção; contudo, há que se pensar no futuro de suas carreiras, caso o tempo dedicado ao seu desenvolvimento pessoal não seja priorizado.

Reflexões sobre a redução de seu tempo para a vida pessoal em atividades sociais e de lazer nos remetem às questões atuais sobre balanço entre vida pessoal e profissional. A exacerbação dos níveis de exigência dessas mulheres consigo mesmas faz com que retirem tempo de si mesmas, para não faltar às suas obrigações profissionais e familiares.

Mais um dado que evidencia a prioridade conferida à vida profissional é que 51% das pesquisadas raramente ou nunca encontram alguém que possa substituí-las no trabalho, quando têm que optar entre uma viagem profissional importante e uma atividade na escola dos filhos.

Quando questionadas sobre os três aspectos que mais as satisfazem no seu trabalho, o fator **desafios** foi o mais citado, com 17% de ocorrência. Os demais aspectos apresentados (em torno de 20) ficaram pulverizados, com percentuais na faixa de 4% de ocorrência.

Os resultados obtidos pela aplicação do questionário foram complementados pelas informações nas entrevistas em profundidade. Perguntas relativas aos fatores que ajudaram ou dificultaram suas carreiras, sobre equilíbrio entre vida pessoal e profissional, e sobre sua satisfação no trabalho compuseram o roteiro para as entrevistas. Foi feita análise de conteúdo das respostas e, mediante a categorização dos principais assuntos, podem-se sintetizar as percepções das entrevistadas sobre a carreira das mulheres.

Nas entrevistas em profundidade, constatou-se que nenhuma das entrevistadas se considera discriminada na carreira. Esse resultado confirma os dados do levantamento quantitativo, que demonstrou que 68% das respondentes acreditam que as oportunidades de promoção e desenvolvimento são iguais independentemente do gênero.

Quando solicitadas a escolher três fatores que tivessem contribuído para a sua ascensão profissional, as respostas categorizadas como "determinação e dedicação ao trabalho" foram muito frequentes, reforçando os dados coletados na parte quantitativa do estudo, onde foi evidenciado que, na percepção das mulheres respondentes, fatores externos à sua relação com seu trabalho (variações de gênero, por exemplo) têm pouca ou nenhuma importância em suas trajetórias de carreira.

Mais uma vez, as informações levantadas nas entrevistas foram coerentes com os dados do levantamento inicial, quando se perguntou sobre os aspectos de maior satisfação no trabalho para essas mulheres: o exame dos dados qualitativos mostrou ênfase para a valorização dos desafios na carreira da mulher executiva.

Outro dado que nos chama a atenção está relacionado à formação inicial das entrevistadas ser diferente da sua área de atuação hoje. Para complementar sua preparação para a trajetória profissional, nossas três entrevistadas buscaram especialização em cursos de pós-graduação.

Como um dos fatores que influenciaram a ascensão das mulheres executivas, o incentivo e apoio do marido ou companheiro foi um dos mais citados pelas pesquisadas e se repetiu nas entrevistas. Segundo as entrevistadas, ao sentir-se realizada profissionalmente, por dedicar uma boa parte de seu tempo à carreira e dela obter retornos satisfatórios, a mulher oferece melhor qualidade em seus relacionamentos quando volta para casa. O período parcial com qualidade em casa é percebido como preferencial à presença integral, que poderia ser frustrante no lar.

7.5 Principais achados do estudo

A chegada das mulheres ao mercado do trabalho é também um reflexo da situação socioeconômico-financeira atual, visto que o homem sozinho não mais consegue prover todo o sustento necessário para a família, fazendo com que nos dias atuais o orçamento doméstico conte com o rendimento da mulher. Em alguns casos, como os casos de algumas das mulheres respondentes deste estudo, podem ser a principal ou única fonte de renda do casal. Contudo, mesmo cada vez mais qualificada para assumir posições de direção nas organizações, a representação feminina em postos de direção ainda é muito pequena. E tal representação vem acompanhada de um ônus adicional: a submissão do tempo dedicado a si mesma às atividades profissionais e demandas familiares.

Os achados do estudo permitem alertar para alguns pontos, discutidos a seguir. A ascensão da mulher ocorrerá mais intensamente à medida que ela estiver capacitada e preparada para evoluir na carreira e assumir novos postos de liderança, e para isso precisará investir em seu desenvolvimento. Foi verificado que existem alguns fatores contributivos para a ascensão da mulher a cargos de direção e um deles parece ser a escolha da área de atuação; conforme foi apresentado, áreas consideradas como suporte aos negócios – recursos humanos, assessoria jurídica e tecnologia de informação – oferecem maiores possibilidades de espaço e ocupação de liderança funcional para as mulheres.

Outro aspecto identificado como fator de influência positiva para a ação das mulheres em suas carreiras: buscar aprimoramento acadêmico de alto nível e dominar um segundo idioma, notadamente para mulheres que desejam galgar posições na cúpula das organizações. Fortes desejos e esforços para se dedicar ao trabalho e priorizar sua carreira são outros fatores que parecem determinantes para a chegada da mulher ao topo das organizações.

Como saídas alternativas para direcionar seus esforços para a vida profissional, foi também identificada a importância de que a mulher executiva disponha de uma estrutura de apoio sólida e de confiança nas atividades do lar, contando com a ajuda de seus companheiros e parentes próximos, e com os serviços de babás e empregados de confiança.

Contrariamente à crença popular de que a mulher sem família constituída dispõe de maior liberdade e mais tempo para sua carreira, neste estudo a grande maioria das nossas pesquisadas (mulheres profissionais em cargos de direção) era casada e tinha filhos pequenos. Ao que parece, o grande desafio é dar conta de conciliar os papéis decorrentes da dupla jornada de trabalho.

Dados demográficos relativos à família de origem também não foram associados à ascensão das mulheres. A formação dos pais não apresentou influência na trajetória das mulheres pesquisadas; pais e mães de algumas pesquisadas e entrevistadas não tinham formação superior. A origem econômica familiar também não foi considerada um fator de influência. Se, por um lado, algumas de nossas pesquisadas reportaram que o fato de virem de famílias com situações econômicas favoráveis, que lhes proporcionou o suporte financeiro para seu desenvolvimento e formação, tornando-as mais competitivas no mercado de trabalho, por outro, encontramos exemplos opostos. Houve executivas que consideraram sua origem econômica desfavorável um elemento propulsor de sua carreira. Tal condição fez com que iniciassem cedo a vida profissional, adquirindo maior experiência e visão do mercado de trabalho, condições que, aliadas à determinação e esforço mencionado anteriormente, as tornaram também competitivas e melhor preparadas.

Por fim, o incentivo e a ajuda dos companheiros foram nominados como fatores fundamentais para que as mulheres não se sintam culpadas e possam se dedicar melhor às suas tarefas e anseios profissionais, familiares e pessoais.

Este capítulo apresentou o resultado de um estudo que levantou, discutiu e analisou os fatores que mais interferem na ascensão das mulheres em posições de alta liderança nas organizações.

As autoras, todas mulheres, esperam o dia em que haverá participação feminina igual à dos homens nos cargos mais altos e de maior poder. Considerando a evolução do mercado e as mudanças sociais, estudiosos acreditam que nos Estados Unidos isso aconteça em 2064; no mundo inteiro, segundo estimativas da Organização Internacional do Trabalho, isso deverá ocorrer somente por volta de 2472.

Referências

BOTELHO, Joaquim M. A mulher aumenta a participação no mundo executivo. 2007. Disponível em: <www.catho.com.br/jcs/artigo1/phtml>.

CASE, Thomas; BOTELHO, Joaquim Maria. *Gerenciamento da carreira do executivo brasileiro*: uma ciência exata. São Paulo: Catho, 2001.

DEL PRIORE, Mary. *Mulheres no Brasil Colonial*. São Paulo: Contexto, 2000.

____; BASSANEZI, Carla. *História das mulheres no Brasil*. 5. ed. São Paulo: Contexto, 2001.

FUNDAÇÃO CARLOS CHAGAS, Cristina Bruschini e Maria Rosa Lombardi. Disponível em: <http://www.fcc.org.br/servlets/mulher/mulher?pg=mulher/apres.html>. 2002.

LEITE, Christina Laroudé de Paula. *Mulheres*: muito além do teto de vidro. São Paulo: Atlas, 1994.

MANIERO, L.; SULLIVAN, S. *The Opt-Out Revolt*. 2006.

MURARO, Rose Marie. *A mulher no terceiro milênio*. 8. ed. Rio de Janeiro: Rosa dos Tempos, 2002.

ROBBINS, Stephen Paul. *Comportamento organizacional*. 9. ed. Rio de Janeiro: Prentice Hall do Brasil, 2002.

SCALABRIN, A. C. *Carreiras sem fronteiras e trajetórias descontínuas*: um estudo descritivo sobre decisões. 2008. Dissertação (Mestrado) – FEA/USP, São Paulo.

SELLTIZ, C. *Métodos de pesquisa nas relações sociais*. São Paulo: EPU, 1987.

STEIL, A. V. Organização, gênero e posição hierárquica: compreendendo o fenômeno do teto de vidro. *Revista de Administração da USP*, São Paulo, v. 32, nº 3, p. 62-69, jul./set. 1997.

THARENOU, Phyllis. Gender differences in advancing to the top. *International Journal of Management Reviews*. Massachussetts: Blackwell, June 1999.

VOCÊ S.A. *Especial mulheres*. São Paulo: Abril, Edição 57, mar. 2003.

www.catho.com.br

8

Relações de trabalho e a organização sindical do setor público: desafios para gestão de recursos humanos

Salvador F. Silva
Arnaldo José França Mazzei Nogueira

8.1 Apresentação

Este capítulo pretende enfrentar o desafio de propor uma nova estratégia de atuar em gestão de pessoas em uma das maiores universidades públicas do país, conferindo a devida importância às relações de trabalho e ao tratamento dos seus conflitos. Procura-se demonstrar que somente desta forma o recursos humanos poderá contribuir para a atividade fundamental da universidade, que é a de prestar, com qualidade e eficácia, os serviços de ensino, pesquisa e extensão. Em consequência, a universidade também poderá atender às demandas da cidadania, que certamente estão entre os objetivos centrais de um Estado democrático.

Parte-se do pressuposto de que é fundamental a introdução de um sistema de relações de trabalho dinâmico e sensível no modelo de gestão de pessoas da universidade. Políticas e práticas dessa natureza poderiam encaminhar os conflitos internos e externos, canalizados principalmente pelos sindicatos, cujas relações com a universidade devem sempre se pautar pelo respeito mútuo, dentro de um clima democrático e civilizado.

Apesar do direito de sindicalização do servidor público garantido pela Constituição de 1988, ainda resta assegurar a independência dos sindicatos com instrumentos de negociação coletiva e de solução de conflitos. Tal objetivo depende, fortemente, da regulamentação do legítimo direito de greve no setor público.

Pela dimensão estratégica das relações de trabalho, o gestor de recursos humanos no setor público precisa criar novas competências para mediar as relações conflituosas e, ao mesmo tempo, ser capaz de manter a coesão das equipes, mantê-las motivadas e envolver todos os segmentos interessados para responder com agilidade aos problemas de relações de trabalho quando estes lhe forem apresentados.

Segundo Nogueira (2003), "o sistema brasileiro de relações de trabalho encontra-se absolutamente desconfigurado" e no setor público a situação não poderia ser diferente. Assim, para alcançar a democratização das relações de trabalho no setor público, é imperativo construir canais de comunicação permanente para tratamento dos conflitos e das demandas funcionais, atuando-se de forma planejada e profissional.

Dessa forma, certamente garantir-se-ia o funcionamento adequado das atividades acadêmicas e administrativas da universidade, mantendo-se a qualidade e a eficiência dos serviços de forma equilibrada e com respeito aos direitos sociais do trabalho.

Para tanto, este capítulo apresenta um breve diagnóstico das dificuldades enfrentadas pelo Departamento de Recursos Humanos da Universidade de São Paulo na gestão de pessoas até o exercício de 2002 e propõe a criação orgânica de uma área de Relações de Trabalho como forma efetiva de se democratizarem e valorizarem as relações de trabalho com seus servidores docentes e não docentes.

Essa sugestão visa instituir um elo permanente de negociação com o Sindicato dos Servidores da USP (Sintusp) e com a Associação de Docentes da Universidade de São Paulo (Adusp), Seção Sindical da Associação Nacional de Docentes do Ensino Superior (Andes) e demais Associações de servidores.

A proposta adota como referencial os princípios constitucionais que regem a Administração Pública, passando pelas formas de contratos de trabalho, o ingresso na carreira pública e como se opera a demissão neste setor. Analisa, inclusive, a contratação de trabalho terceirizado. Examina também algumas questões sobre qual o modelo de organização sindical é mais adequado para o setor público em comparação ao do setor privado, previsto na CLT, ou, ainda, se deveriam subsistir dois modelos em razão dos regimes existentes no caso específico da universidade (celetistas e estatutários).

Em termos metodológicos, trata-se de um estudo de caso complexo, dada a própria complexidade da instituição, a Universidade de São Paulo – USP. Para caracterizá-la, há um conciso histórico da sua fundação e objetivo, distribuição geográfica, composição quantitativa atual de Unidades de Ensino e Pesquisa, número de vagas oferecidas e números de alunos e de cursos oferecidos na pós-graduação, além de seu orçamento anual advindo das receitas do ICMS do Estado até o exercício de 2002.

Em seguida, é apresentada a estrutura do Departamento de Recursos Humanos e um breve diagnóstico dos conflitos trabalhistas existentes. São levantados os fatores principais que justificam a criação orgânica da área de Relações de Trabalho na estrutura administrativa, incluindo dentro dessa área um serviço de comunicação direta com os servidores docentes e não docentes, o qual será denominado RH-Responde. Esse serviço tem como objetivo ouvir e responder às dúvidas dos servidores, assim como orientar os gestores sobre as reais necessidades pessoais e organizacionais decorrentes das relações de trabalho.

A motivação principal para a construção deste capítulo vem do fato de seus autores acreditarem que esse deve ser o caminho adequado para a criação de uma administração moderna e democrática no tratamento das relações de trabalho não só na Universidade de São Paulo, mas em todo o setor público brasileiro.

8.2 As relações de trabalho no setor público brasileiro

Neste tópico, analisam-se os princípios que regem a administração pública no Brasil e algumas das mais importantes regulamentações do sistema de relações de trabalho do país que, evidentemente, deve se subordinar e colocar em prática esses princípios.

A Constituição Federal estabelece os princípios para que se possa gerir corretamente o patrimônio público. A inobservância desses princípios poderá implicar a nulidade do ato e, por consequência, apuração de responsabilidades administrativas e até criminais. Assim, o administrador público deve se pautar pelos seguintes princípios:

Princípio da legalidade

O administrador público só pode fazer o que a lei lhe permite, ao contrário dos particulares, que pode fazer tudo, desde que a lei não proíba.

Princípio da impessoalidade

Os atos do administrador público não podem privilegiar pessoas específicas, como parentes ou de seu círculo de amizade. Deve ser dirigido a todas as pessoas, indistintamente.

> **Princípio da moralidade administrativa**
>
> Por esse princípio, podemos entender que na relação entre a legalidade e a finalidade do comportamento do servidor público é que podemos aferir a moralidade do ato e a conduta ética, sem os quais toda atividade pública será considerada ilegítima.

> **Princípio da publicidade**
>
> O princípio da publicidade diz respeito à transparência dos atos da Administração Pública. Para Meirelles (1993), "a publicidade não é elemento formativo; é requisito de eficácia e moralidade. Por isso mesmo os atos irregulares não se convalidam com a publicação, nem os regulares a dispensam para sua exigibilidade, quando a lei ou o regulamento a exige".

> **Princípio da eficiência**
>
> Eficiência é princípio introduzido pela Emenda Constitucional nº 19/1998, visando promover a obtenção do melhor resultado possível por intermédio da otimização dos instrumentos utilizados. Simplificando, eficiência é a utilização dos meios adequados para a obtenção de resultados satisfatórios.

> **Princípio do interesse público**
>
> Conforme o próprio título já esclarece, o interesse público é superior a qualquer interesse dentro do corpo social. Com exceção do direito adquirido, da coisa julgada e do ato jurídico perfeito, que não podem ser tocados pelo ato administrativo, o interesse público prevalece sobre qualquer interesse particular.

Visando a observância desses princípios constitucionais, os incisos II e IX do art. 37 da Constituição Federal, com nova redação dada pela Emenda Constitucional nº 19/98, condicionou o acesso aos cargos, funções e empregos públicos à aprovação prévia em concurso público, de provas ou de provas e títulos, conforme a sua natureza e complexidade. São ressalvadas as nomeações para cargo em comissão declarado em lei de livre nomeação e exoneração e as contratações por prazo determinado para atender a uma necessidade temporária de excepcional interesse público, conforme estabelecido em lei.

Atualmente os quadros de servidores da Administração Pública brasileira são constituídos de vários regimes de trabalho, que podem compreender:

Servidores estatutários

Sujeitos ao estatuto dos servidores públicos civis e ocupantes de cargos públicos, criados por lei.

Empregados públicos

Contratados sob o regime da legislação trabalhista e ocupante de emprego público, criados por lei.

Servidores temporários

Contratos por tempo determinado para atender a necessidade temporária de excepcional interesse público (art. 37, inciso IX, da CF); eles exercem função, sem estarem vinculados a cargos ou emprego público.

Um aspecto importante a ser destacado na formação desses quadros foram as recentes inovações promovidas pela Emenda Constitucional nº 19, entre elas a quebra do regime jurídico único no serviço público. Desde então, a Administração Direta, as Autarquias e Fundações tiveram permissão legal para manter esse regime híbrido de trabalho contando tanto com trabalhadores estatutários como celetistas.[1]

Conforme dispõe a Constituição Federal, o servidor público somente pode ser demitido após o devido processo legal, respeitando-se o contraditório e a ampla defesa por meio de processo administrativo disciplinar. Neste, se a autoridade jul-

---

[1] Em 2-8-2007, o Plenário do Supremo Tribunal Federal deferiu cautelar na Ação Declaratória de Inconstitucionalidade nº 2.135, para declarar inconstitucional a nova redação dada pela EC nº 19/98 ao *caput* do art. 39 da CF, e com isso voltou a vigorar o conhecido regime jurídico único (RJU). Esta ação foi proposta pelos partidos PT, PDT, PCdoB e PSB, onde se argumentava, principalmente, que a alteração do referido art. 39 simplesmente não foi aprovada por 3/5 das duas Casas do Congresso, em dois turnos de votação, como exige o art. 60, § 2º, da Constituição Federal.

gadora decide pela aplicação da pena demissão, lavra o despacho e determina a expedição do ato devidamente motivado.

Assim, se para o ingresso no serviço público torna-se necessário o concurso público, para o seu desligamento deverá haver motivo suficiente para considerar que o ato esteja revestido dos mesmos princípios fundamentais (legalidade, impessoalidade, moralidade, publicidade, eficiência). Não se permite, com isso, os frequentes abusos que eram perpetrados neste setor, valorizando, portanto, o empregado que se submeteu às regras fixadas no próprio edital de concurso.

A terceirização, cada vez mais crescente na iniciativa privada, também vem sendo adotada pela Administração Pública, originando situações de conflito de difícil solução, inclusive entre os representantes sindicais das categorias e dos servidores públicos.

A respeito desse tipo de contratação, o Tribunal Superior do Trabalho assim fixou o seu entendimento no Enunciado, nº 331, com a redação dada pela Resolução nº 96, de 11-9-2000:

> "I – A contratação de trabalhadores por empresa interposta é ilegal, formando-se o vínculo diretamente com o tomador dos serviços, salvo no caso de trabalho temporário (Lei nº 6.019, de 3-1-74)."

> II – A contratação irregular de trabalhador, através de empresa interposta, não gera vínculo de emprego com os órgãos da Administração Pública Direta, Indireta ou Fundacional (art. 37, II, da CF).

> III – Não forma vínculo de emprego com o tomador a contratação de serviços de vigilância (Lei nº 7.102, de 20-06-83), de conservação e limpeza, bem como a de serviços especializados ligados à atividade-meio do tomador, desde que inexistente a pessoalidade e a subordinação direta.

> IV – O inadimplemento das obrigações trabalhistas, por parte do empregador, implica a responsabilidade subsidiária do tomador dos serviços quanto a estas obrigações, inclusive quanto aos órgãos da administração direta, das autarquias, das fundações públicas, das empresas públicas e das sociedades de economia mista, desde que este tenha participado da relação processual e conste também do título executivo judicial."

Portanto, a terceirização é válida no setor público sob a forma de verdadeira prestação de serviços. No entanto, ela não deve mascarar o contrato de fornecimento de mão de obra em que estão presentes os traços de subordinação e pessoalidade. Ressalte-se que a despesa com esse tipo de contrato será considerada para fins de verificação do limite de despesa com pessoal, consoante decorre do art. 18, § 1º, da Lei de Responsabilidade Fiscal.

8.3 Sindicalização, negociação e direito de greve no setor público brasileiro

8.3.1 Sindicalização no setor público

A Constituição Federal não estabeleceu um modelo de organização sindical a ser observado na esfera pública e como também não criou normas específicas, prevalecem as regras do art. 8º da Constituição Federal, referente à sindicalização dos trabalhadores urbanos e rurais.

Por esse motivo, a grande questão a ser enfrentada na organização sindical do setor público é: qual deve ser o modelo de organização sindical a ser adotado pelos servidores públicos?

Para buscar uma resposta a essa indagação, é imprescindível entender, primeiro, o modelo de organização sindical do setor privado, previsto nos arts. 511 ss da Consolidação das Leis do Trabalho (CLT), bem como no art. 8º da Constituição Federal, que está apoiado nas seguintes condições:

- garantia da liberdade sindical;
- organização por categoria;
- base territorial;
- unicidade sindical.

Esse modelo criou o sindicato único, visto que a liberdade deve se submeter às restrições acima mencionadas, com implicações significativas, inclusive na organização coletiva dos trabalhadores, de onde surge claramente a noção de categoria sindical. Por isso, o enquadramento sindical consiste em uma equação difícil de entender, onde se vincula um sindicato a determinada categoria, que na própria CLT foi dividida em econômica, profissional e diferenciada.

Nessa forma de organização sindical, por categoria, estão ligados outros aspectos, como o quadro territorial e a unicidade sindical. A questão do quadro territorial se resume à necessidade de se estabelecer base territorial para o sindicato, que equivale aos limites de abrangência de representação da categoria. Atualmente, ela hoje não pode ser inferior a um município. Para completar as bases dessa organização sindical, outro aspecto que deve ser respeitado diz respeito à unicidade sindical. Ou seja, definida a categoria, numa mesma base territorial não pode coexistir mais de um sindicato.

A administrativista Di Pietro (1999) entende que o modelo aplicável aos servidores públicos estatutários seria o mesmo dos empregados da iniciativa privada, pois:

> "No que diz respeito aos sindicatos, a Constituição não estabelece normas disciplinadoras, à semelhança do que fez para o trabalhador no art. 8º, o que permite inferir que são as mesmas para os servidores públicos, mesmo porque perfeitamente compatíveis."

Em sentido oposto a esse entendimento, Romita (1993) não aceita a aplicação do modelo da iniciativa privada aos servidores públicos estatutários, tendo em vista que:

> "art. 39, § 2º, a Constituição manda sejam aplicados aos servidores estatutários diversos incisos do preceito que regula a situação jurídica dos empregados do setor privado. Mas não mandou aplicar o artigo 8º. Se o quisesse, poderia fazê-lo. Não quis. Isto significa que a Constituição de 1988 decidiu não estender aos sindicatos do setor público as restrições que impõe aos sindicatos do setor privado [...]. Ao sindicato de servidores públicos aplica-se o disposto no Pacto Internacional sobre os direitos econômicos, sociais e culturais".[2]

Para tornar o tema mais complexo, com a quebra do regime jurídico único veio à baila outra discussão: poderiam subsistir dois modelos de organização sindical em razão dos distintos vínculos de trabalho, celetistas e estatutários? Não obstante se reportarem ao mesmo empregador e ainda trabalharem lado a lado, surgiu outra grande dificuldade para as relações de trabalho no setor público, visto que os direitos e obrigações estão estabelecidos em estatutos legais diferenciados.

8.3.2 Negociação coletiva no setor público

A Constituição Federal de 1988 assegurou aos servidores públicos a livre organização sindical, bem como direito de greve nos termos da lei. No entanto, ela se

---

[2] O art. 39 teve sua redação original pela EC nº 19/98 e o § 3º do mesmo artigo passou a indicar os incisos do setor privado aos servidores públicos.

omitiu em relação à negociação coletiva, criando uma situação jurídica inusitada para as relações de trabalho no serviço público.

Assim, o principal instrumento para a solução do conflito, a negociação coletiva, simplesmente não existe na lei. Não se prevê também a possibilidade de ajuizamento de dissídio coletivo em caso de frustradas as negociações entre as partes, não obstante a Constituição assegure o direito à sindicalização e à greve – art. 37, incisos VI e VII, respectivamente.

Importante ressaltar que o caráter negocial, predominante na relação de trabalho regida pela CLT, foi substituído pela dimensão institucional dos regimes jurídicos da União, dos Estados e dos Municípios. Essa dimensão é do gênero estatutário, estabelecido em lei por cada uma das unidades da Federação e modificável unilateralmente, desde que respeitados os direitos adquiridos do servidor. Surge agora uma segunda dimensão em face da consagração dos direitos à sindicalização e à greve, em nível constitucional, que tem por objetivo instrumentalizar a negociação coletiva.

Não sendo possível a Administração Pública transigir o que diz respeito à matéria reservada à lei, continua a impossibilidade de assegurar aos servidores públicos o direito à negociação coletiva. Na iniciativa privada, essa negociação compreende o acordo entre sindicatos de empregados e de empregadores ou entre sindicatos de empregados e, empresas e, se malogrado o acordo, instaura-se o dissídio em juízo.

8.3.3 Direito de greve no setor público

Em nosso país, apesar do avanço democrático com a promulgação da Constituição de 1988, inclusive com a permissão aos servidores públicos de exercer o direito de greve, o constituinte não acrescentou a estes o direito à negociação coletiva, ou seja, não criou mecanismos legais para a resolução dos conflitos gerados na relação de trabalho do serviço público.

Antes da aprovação da Emenda Constitucional nº 19, o Supremo Tribunal Federal já havia decidido que

> "o preceito constitucional que reconheceu o direito de greve ao servidor público civil constitui norma de eficácia meramente limitada, desprovida, em consequência, de auto-aplicabilidade, razão pela qual, para atuar plenamente, depende da adição da lei complementar exigida pelo próprio texto da Constituição" (MI-20/DF, Rel. Min. Celso de Melo, *DJ* 22.22.96).[3]

---

[3] Em 25-10-2007, o Supremo Tribunal Federal, por maioria de votos, reconhecendo o direito de greve dos servidores públicos determinou que, enquanto o Congresso Nacional não regulamentar a

Assim, os servidores continuam a promover greves, exercendo seu direito constitucional, mesmo sem a edição de lei que regulamente esse direito. Apesar de as greves apontarem para conflitos de interesses, percebe-se que no setor privado são mais frequentemente motivadas por reposições salariais. Já no setor público, além das questões remuneratórias, há os aspectos políticos muito mais amplos envolvidos, voltados para questões ideológicas, assumindo por vezes posições político-partidárias.

Em teoria, a greve representa o último instrumento para negociação depois de esgotados os demais canais de conversação. No setor público, a população sofre cada vez mais com a falta dos serviços em áreas essenciais do governo atingidas por greves justamente pela falta de negociação entre a Administração e os servidores.

Da perspectiva dos servidores, é preciso que pelo menos suas lideranças reconheçam, com realismo, os caminhos para a saída do movimento, as possíveis perdas e os possíveis ganhos, pois o que se tem verificado é que as greves começam e por não terem objetivos claros para uma negociação não cedem e não terminam.

Por isso, a única alternativa para se evitar a greve, para os dois lados, ainda é a negociação, dentro de um ambiente plenamente aberto para o diálogo. É uma questão de responsabilidade das partes envolvidas no conflito, para o bem da gestão organizacional e do direito do cidadão que paga pelos serviços prestados através de impostos e taxas. No entanto, mesmo deflagrada a greve, é imprescindível manter um canal institucional de negociação entre o comando de greve e a administração.

8.4 A situação das relações de trabalho na USP

8.4.1 A Universidade de São Paulo

A Universidade de São Paulo (USP), hoje considerada a maior Instituição de Ensino Superior e de Pesquisa do País, está distribuída por seis *campi* no Estado de São Paulo: na Capital, Bauru, Piracicaba, Pirassununga, Ribeirão Preto e São Carlos.[4]

---

matéria, deverá ser aplicada a estes a Lei nº 7.783/89, que regulamenta as greves dos trabalhadores da iniciativa privada.

[4] Em 29-5-2006, surgiu o *campus* de Lorena, situado no Vale do Paraíba (SP), com a transferência das atividades acadêmicas, de ensino e pesquisa da extinta Faculdade de Engenharia Química de Lorena (FAENQUIL) para a Escola de Engenharia de Lorena (EEL-USP).

Ela foi criada pelo Decreto nº 6.283, de 25-1-1934, baixado por Armando de Salles Oliveira, interventor federal no Estado de São Paulo, que na época reuniu várias escolas de ensino superior, públicas e particulares, para formar a Universidade.

As escolas englobadas na época foram as seguintes:

- Faculdade de Direito, de 1828;
- Escola Politécnica, de 1899;
- Escola de Farmácia e Odontologia, de 1899;
- Escola Superior de Agricultura "Luiz de Queiroz", de 1901;
- Faculdade de Medicina, de 1913;
- Instituto de Educação, de 1933;
- Instituto de Ciências Econômicas e Comerciais, de 1934;
- Faculdade de Medicina Veterinária, de 1928;
- Escola de Belas Artes, de 1934;
- Faculdade de Filosofia Letras e Ciências Humanas, de 1934.

Na forma de seu Estatuto atual, a Universidade de São Paulo é considerada uma autarquia de regime especial, com autonomia didático-científica, administrativa, disciplinar e de gestão financeira e patrimonial, e tem como fim:

I – promover e desenvolver todas as formas de conhecimento, por meio do ensino e pesquisa;

II – ministrar o ensino superior visando à formação de pessoas capacitadas ao exercício da investigação e do magistério em todas as áreas do conhecimento, bem como à qualificação para as atividades profissionais;

III – estender à sociedade serviços indissociáveis das atividades de ensino e de pesquisa.

Conforme anuário estatístico de 2003, ano-base de 2002, a Universidade de São Paulo é formada por 68 unidades e órgãos, sendo 36 unidades de Ensino e de Pesquisa, seis Centros e Institutos Especializados, dois hospitais e dois Serviços de Verificação de Óbitos, quatro museus, 18 Órgãos Centrais e de Serviços.

Para uma demonstração da sua produção, apresentamos a seguir alguns indicadores acadêmicos entre os exercícios de 1998 e 2002, extraídos do anuário estatístico de 2003, elaborado pela Reitoria.

Atividades de Ensino

Tabela 8.1 Indicadores da graduação.

	1998	1999	2000	2001	2002
Nº de cursos	130	162	158	179	189
Vagas oferecidas	6.940	7.076	7.175	7.354	7.811
Alunos matriculados	33.934	39.155	39.326	40.162	42.554
Alunos concluintes	4.657	4.467	4.215	4.921	5.119

Fonte: Anuário Estatístico 2003.

Tabela 8.2 Indicadores da pós-graduação.

	1998	1999	2000	2001	2002
Nº de cursos	487	487	496	501	519
Mestrado	257	257	259	261	267
Doutorado	230	230	237	240	262
Alunos regularmente matriculados	21.009	22.570	22.774	23.765	23.709

Fonte: Anuário Estatístico 2003.

Na Tabelas 8.1 e 8.2, percebe-se claramente que nos últimos quatro anos a USP, de fato, vem-se posicionando numa política de expansão do ensino superior público, com novos cursos e ampliação de novas vagas, tanto na graduação como na pós-graduação.

Para manutenção da Universidade de São Paulo, existe uma parcela correspondente a 5,0295% da arrecadação do ICMS do Estado, que nos últimos cinco anos teve a seguinte evolução:

Tabela 8.3 Evolução da receita orçamentária da USP (R$ milhões).

	1998	1999	2000	2001	2002
Total	842,3	918,0	1.174,0	1.273,4	1.404,6

Fonte: Anuário Estatístico 2003.

8.4.2 Retrato dos recursos humanos da USP

Inicialmente, apresentamos a evolução quantitativa do quadro funcional dos últimos cinco anos, especificando os servidores docentes, técnico-administrativos e aposentados.

Tabela 8.4 *Evolução quantitativa do quadro funcional.*

	1998	1999	2000	2001	2002
Nº de servidores docentes	4.705	4.728	4.694	4.755	4.884
Nº de servidores técnico-administrativos	14.659	14.186	14.184	14.589	14.952
Nº de inativos	5.288	5.290	5.288	5.271	5.295
Total de pessoal	24.652	24.116	24.210	24.637	25.131

Fonte: Anuário Estatístico 2003.

Os docentes da universidade estão classificados em duas categorias: docentes efetivos e contratados. Docentes efetivos são aqueles investidos em cargos públicos criados por lei, mediante concursos públicos de provas e títulos, e que gozam de estabilidade no serviço público. Docentes contratados são aqueles que ingressaram na universidade para o exercício de função pública, mediante processo seletivo público, e seus contratos se caracterizam pela temporariedade, razão pela qual são denominados "precários".

Os servidores técnico-administrativos estão classificados em estatutários, especiais e celetistas.

- celetistas: contratados sob o regime da Consolidação das Leis Trabalhistas (CLT). Para esses servidores contratados até 13-5-1974, sob o regime da CLT, data da edição da Lei Estadual nº 200, que revogou a Lei nº 4.819/58, é devida uma complementação salarial correspondente à diferença entre aquela percebida pelo INSS e a que perceberia se aposentado fosse pelo regime próprio dos servidores estatutários, observadas as condições de contagem de tempo de serviço;
- estatutários: admitidos por meio de concurso público para o exercício de funções autárquicas, gozam de estabilidade no serviço público, regidos pelo Estatuto dos Servidores da Universidade de São Paulo;

- especiais: contratados pela Resolução nº 540/74, semelhante à Lei Estadual nº 500/74, também subordinados ao Estatuto dos Servidores da Universidade (ESU) e, por isso, considerados, também, estatutários.

A seguir, apresentamos a evolução quantitativa de docentes e servidores estatutários técnico-administrativos entre os exercícios de 2002 e 2003, segundo a referida classificação, incluindo os aposentados.

Tabela 8.5 *Evolução quantitativa de docentes e demais servidores: exercícios de 2002 e 2003.*

	Dez./02	Dez./03	Variação %
Docentes efetivos	3.695	3.667	– 0,75%
Docentes contratados	1.189	1.287	8,25%
Docentes aposentados	2.213	2.327	5,16%
Servidores autárquicos	1.058	953	– 10,20%
Servidores autárquicos aposentados	3.082	3.104	0,73%
Servidores celetistas	14.195	14.236	0,29%
Servidores celetistas com complementação salarial	273	278	1,9%

Fonte: DRH/REITORIA – Servidor Netuno.

8.4.3 Breve diagnóstico dos conflitos das relações de trabalho na USP

Na atual estrutura funcional do Departamento de Recursos Humanos da USP, não existe uma área que estabeleça uma relação direta com seus servidores e com os sindicatos para tratar das questões individuais e coletivas, ou seja, não se prevê uma estrutura para mediação dos conflitos e suas causas. Assim, as questões das relações trabalhistas ficam limitadas a uma administração orientada para a gestão de contratos e da folha de pagamento.

Segundo Milkovich e Boudreau (2000), a

> "insatisfação com aspectos comuns do trabalho, como salários e benefícios, com a chefia ou com o tratamento dado a um determinado grupo de funcionários, em detrimento de outros, podem ser a causa de um aumento no interesse pelos sindicatos, principalmente se os empregados perceberem que não possuem outras alternativas para influenciar os empregadores".

É o caso, por exemplo, quando ocorrem conflitos internos nas Unidades/Órgãos, gerados por situações de relacionamento. Nesses casos, as chefias, geralmente, optam pela transferência do servidor, visto como um "problema" e, como o assunto não é devidamente avaliado dentro da perspectiva das relações interpessoais e das competências do servidor, constantemente surge a interferência do sindicato.

Outro motivo de conflito frequente entre o sindicato dos servidores e a administração diz respeito aos trabalhadores das empresas que prestam serviços para a universidade, os conhecidos "terceirizados". Apesar do dever de fiscalização por parte do tomador do serviço, há empresas que não cumprem com as suas obrigações trabalhistas e com o apoio dos sindicatos acabam pressionando a universidade para que sejam satisfeitas essas obrigações, sabendo de sua responsabilidade subsidiária quanto ao passivo trabalhista.

Como é possível perceber, há um ambiente particularmente propício ao impasse e ao conflito, envolvendo sindicatos tanto dos servidores da USP como daqueles que representam as categorias terceirizadas.

Em se tratando de administração pública, a maioria das questões disciplinares dá origem à instauração de sindicância para apuração dos fatos e para apontar eventuais responsáveis. Nos casos mais graves, desde que conhecida a autoria do ato ilícito, há a instauração direta do processo administrativo disciplinar, que poderá ensejar desde uma advertência até a dispensa a bem do serviço público.

Para o ingresso de servidores na Universidade, tem-se adotado rigoroso controle sobre os processos seletivos, que são regidos por editais cuidadosamente elaborados e publicados no *Diário Oficial do Estado*. Nesses editais, é vetada, especialmente, a inclusão de possíveis critérios subjetivos, como, por exemplo, entrevistas e análises curriculares, critérios estes que não acolhidos pela fiscalização por parte do Tribunal de Contas do Estado e do Ministério Público Estadual, que tem a competência de registrar os contratos de trabalho com vistas à sua legalidade.

Outra questão enfrentada com grande dificuldade pela área de recursos humanos diz respeito ao processo de demissão sem justa causa de servidores celetistas, mesmo com prazo indeterminado e com o pagamento das verbas rescisórias. A Justiça do Trabalho tem determinado a reintegração do servidor quando não se mostram claras as motivações que ensejaram a demissão sem justa causa do servidor, que após aprovação em processo seletivo público é desligado sem qualquer formalidade.

Quanto à negociação salarial, o assunto é tratado diretamente entre os Reitores das três Universidades do Estado de São Paulo que integram o Cruesp (Conselho de Reitores das Universidades do Estado de São Paulo) e o Fórum das Seis, formado pelos Sindicatos representativos da categoria docente e não docentes das três universidades.

Importa destacar que participam do Cruesp os Reitores da USP, Unicamp e Unesp, e também os Secretários de Ciência e Tecnologia e da Educação do Estado.[5]

O Cruesp tem como objetivo o fortalecimento da interação entre as universidades, propondo possíveis ações conjuntas, conjugando esforços com vistas ao desenvolvimento das universidades, assessorando o Governador em assuntos de ensino superior, analisando e propondo soluções para as questões relacionadas com o ensino e pesquisa nas Universidades Estaduais.

Do lado dos servidores, há o Fórum das Seis, constituído pelos seguintes Sindicatos dos servidores docentes e não docentes das três Universidades do Estado de São Paulo:

1. **Adunicamp** (Associação dos Docentes da Universidade Estadual de Campinas), considerada uma Seção Sindical da Andes – Sindicato Nacional dos Docentes das Instituições de Ensino Superior;
2. **Adusp** (Associação dos Docentes da Universidade de São Paulo), considerada uma Seção Sindical da Andes – Sindicato Nacional dos Docentes das Instituições de Ensino Superior;
3. **Adunesp** (Associação dos Docentes da Universidade Estadual de São Paulo), considerada uma Seção Sindical da Andes – Sindicato Nacional dos Docentes das Instituições de Ensino Superior;
4. **Sinteps** (Sindicato dos Trabalhadores do Centro Paula Souza);
5. **Sintunesp** (Sindicato dos Trabalhadores da Universidade do Estado de São Paulo);
6. **Sintusp** (Sindicato dos Trabalhadores da Universidade de São Paulo);
7. *STU* (Sindicato dos Trabalhadores da Universidade de Campinas).

Mesmo com a apresentação de uma pauta conjunta pelo Fórum das Seis ao Cruesp para discussão de assuntos comuns às três universidades, especialmente a reposição de perdas salariais, cada sindicato também apresenta sua pauta específica contendo reivindicações dirigidas para os servidores da sua universidade, pretendendo conquistar melhores condições de trabalho e ampliação de benefícios específicos, como auxílio-refeição e vale-alimentação.

---
5   O Decreto Estadual nº 51.460, de 1-1-2007, criou a Secretaria do Ensino Superior, a quem as três Universidades do Estado (USP, Unesp e Unicamp) passaram a ficar subordinadas.

8.5 A proposta da área de Relações de Trabalho na USP

A seguir, apresentamos a atual estrutura orgânica do Departamento de Recursos Humanos da Reitoria da USP, onde se constata que ela não dispõe de uma área estratégica para mediar conflitos individuais e coletivos dos servidores, na maioria encaminhados por sindicatos, ou mesmo um canal direto de comunicação ou relacionamento com estes servidores.

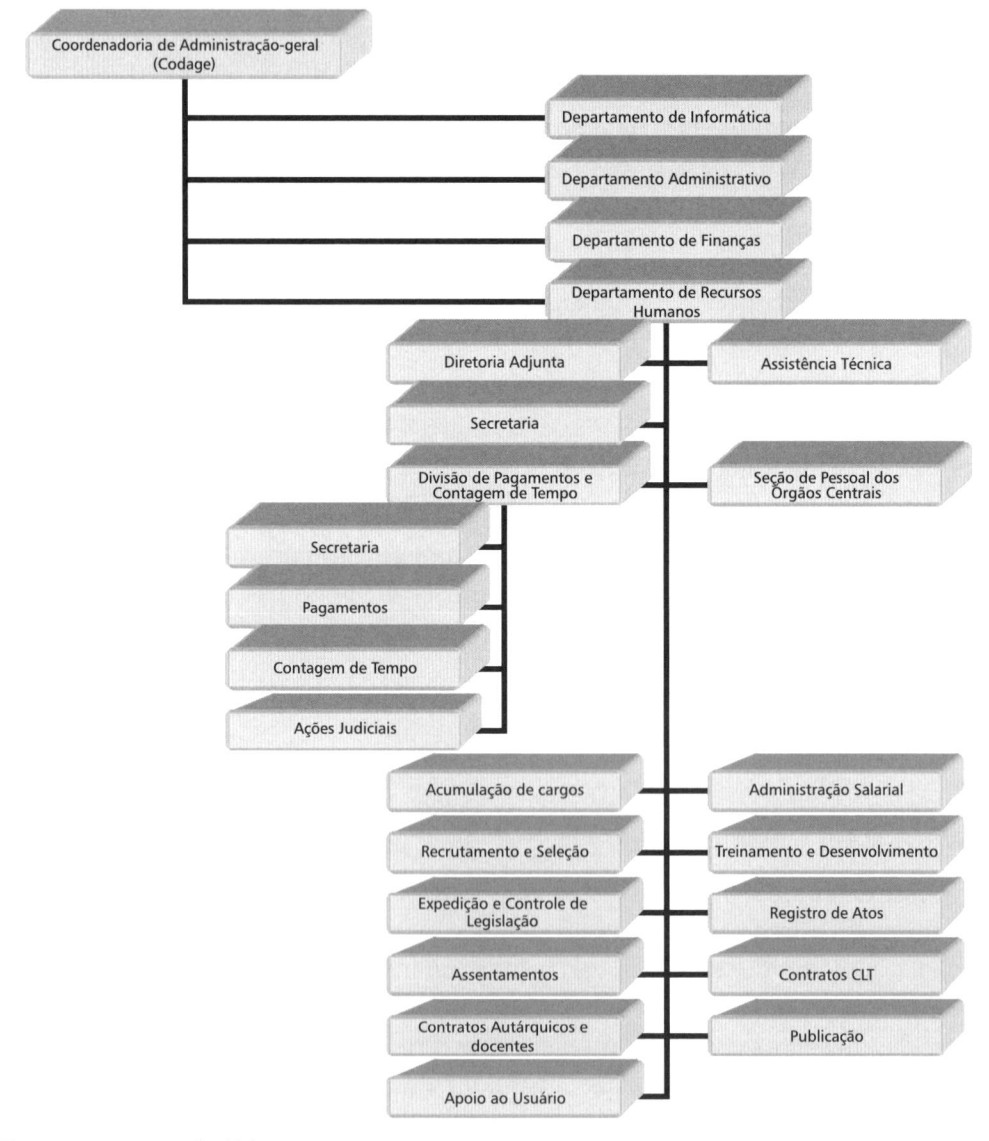

Fonte: <www.usp.br/drh>.

Figura 8.1 *Organograma do departamento de recursos humanos.*

Importante destacar que cada Unidade/Órgão tem em sua estrutura funcional uma Seção de Pessoal, encarregada de consolidar informações funcionais, via sistema operacional ou documentadamente. Cabe a essas áreas do Departamento de Recursos Humanos da Reitoria analisar estas informações e providenciar a sua execução, como, por exemplo, pagamento de horas extras, concessões de benefícios, aposentadorias do pessoal estatutário.

8.5.1 A criação da área de Relações de Trabalho na USP

Diante da complexidade da gestão de recursos humanos na Universidade de São Paulo, considerando o número de servidores docentes, não docentes ativos e aposentados, além da diversidade nas relações contratuais de trabalho, entendemos ser fundamental que se desenvolva um novo modo de relacionamento entre administração e servidores através de uma estrutura especializada e profissional em relações de trabalho. Esse modelo, observados os princípios que regem a administração pública, poderia atuar na melhoria das relações de trabalho minimizando os conflitos recorrentes. A maior efetividade no tratamento das relações de trabalho pode contribuir para assegurar o direito básico de cidadania, valorizando os servidores não só pelo desenvolvimento da competência individual, mas, também, observando os interesses e objetivos de melhoria dos serviços públicos prestados pela universidade. Recomenda-se uma visão estratégica baseada em competências para lidar com as relações de trabalho (ver NOGUEIRA, 2008).

O desafio a ser enfrentado é difícil e certamente exige muita discussão, principalmente num mundo globalizado e da era do conhecimento em que, conforme Nogueira (2002), "nunca se falou tanto em pessoas, gestão de pessoas, competências e talentos pessoais e organizacionais, aprendizagem, ética e responsabilidade social". Por isso, a importância da gestão estratégica de relações de trabalho no setor público para lidar com os conflitos no ambiente de trabalho não pode se restringir à dimensão microssocial, mas deve avançar para as outras dimensões, como mesossocial e macrossocial, agregando valores tanto para a organização como para os servidores e para os *stakeholders*.

Neste caminho, lembramos que para Milkovich e Boudreau (2000), a maioria das reclamações no âmbito da empresa ocorre pelos seguintes motivos: diferenças de interpretação do acordo por parte dos empregados, dos representantes sindicais e dos administradores da empresa; violação de quaisquer termos do acordo; violação da lei; violação de um procedimento de trabalho ou outros procedentes; ou tratamento injusto de um empregado pelo administrador.

Segundo Chiavenato (2002), com a economia globalizada e um mundo competitivo, a tendência das organizações bem-sucedidas não é mais administrar recursos humanos, nem mais administrar as pessoas, mas sim administrar com as pessoas, assim consideradas seres proativos, dotados de inteligência e criatividade, de habilidades mentais e não apenas de capacidades manuais, físicas ou artesanais.

Em Albuquerque (2002), há importantes indicações para as mudanças na gestão das relações de trabalho de uma estratégia de controle para uma estratégia de comprometimento. Suas prioridades em relações de trabalho seriam o encarreiramento flexível e o emprego a longo prazo, a educação intensiva, interdependência e confiança mútua nas relações de trabalho, diálogo permanente e busca de convergência de interesses nas relações sindicais e uma forte participação dos empregados nas decisões. Evidentemente, na universidade pública muitas dessas orientações estratégicas poderiam ser adotadas para uma melhor gestão do conflito trabalhista.

Assim, buscando maior efetividade nas relações de trabalho na Universidade de São Paulo, em face do diagnóstico apresentado, é proposta a criação de forma orgânica de uma área de Relações de Trabalho, como um subsistema de Recursos Humanos, a exemplo do que já existe em grandes empresas do setor público, estatal e privado.

A criação da área de Relações de Trabalho servirá como instituição moderadora entre a universidade e os seus servidores, conforme proposto por Marras (2001) no modelo de Relações Trabalhistas, ou seja, "participando em todas as instâncias da formação de políticas, normas e procedimentos que venham a interferir nessa relação direta". Essa área deverá desenvolver competências na busca de resultados possíveis no processo de resolução de conflitos e suas causas, como na negociação ganha-ganha, na qual as partes saem satisfeitas com o acordo e consolidem a abertura de negociações futuras.

Portanto, ainda que as "relações de trabalho não se restrinjam à noção de *relações trabalhistas*, dado o corte jurídico e normativo dessa concepção, geralmente difundida em texto de lei ou legislação trabalhista e social" (NOGUEIRA, 2002), a criação da área de Relações de Trabalho na USP teria como função:

- mediar os conflitos internos tanto no plano individual como no coletivo;
- assessorar a Administração nas negociações com os sindicatos, comissões de servidores;
- assessorar a Administração na discussão da pauta específica apresentada pelo Sindicato dos servidores;
- manter um canal de comunicação direta entre os servidores e administração, prevenindo situações que possam gerar dúvidas ou conflitos nas relações de trabalho;

- assessorar especificamente a Diretoria de Recursos Humanos da Reitoria, as Diretorias de Unidades/Órgãos, os Prefeitos dos *campi* e as próprias Seções de Pessoal das Unidades/Órgãos quanto aos procedimentos a serem adotados em situações não previstas nas rotinas;
- propor alterações nas rotinas, visando regularizar situações não previstas e adequação à legislação em vigor;
- propor alterações nas normas que regem a Administração de Recursos Humanos no âmbito da Universidade, a fim de que sejam supridas as necessidades da Administração;
- acompanhar as ações judiciais de natureza trabalhista, verificando suas causas, pois, além de gerar um passivo trabalhista em razão de expedição de precatórios, prejudicando a execução do orçamento público, preventivamente atua na fiscalização do cumprimento dos acordos e das leis que se aplicam aos contratos dos servidores;
- negociar e mediar o processo de greve no setor público, visando a manutenção dos serviços em condições mínimas para aqueles que dele necessitam, fazendo cumprir os princípios que norteiam a Administração Pública, evitando que a máquina fique paralisada por fatores político ou ideológico, prejudicando a qualidade e a eficiência do serviço.

Estrutura e justificativas

Pela sua importância estratégica e de assessoramento, a área de Relações de Trabalho deve situar-se numa posição dinâmica entre a Coordenadoria de Administração-geral e a Diretoria do Departamento de Recursos Humanos da Reitoria, conforme organograma da Figura 8.2.

Com essa proposta de criação de uma área de Relações de Trabalho, busca-se um modelo estratégico de sistema de negociação democrático e permanente. Ela atuaria tanto na prevenção como na ocorrência do recurso extremo da greve. Essa área também manteria um canal de comunicação proativo e um elo entre o interesse público – representado pela Administração, com respeito aos princípios constitucionais –, e os interesses dos servidores diante de suas expectativas de valorização e desenvolvimento profissional.

Além disso, os administradores da Universidade de São Paulo passariam a contar com uma importante ferramenta destinada a implementar um novo modelo de gestão de pessoas. Essa ferramenta se destinaria especialmente ao tratamento eficaz e preventivo dos conflitos individuais e coletivos de trabalho, buscando compatibilizar os processos de negociação com os princípios e normas que informam e regem a Universidade de São Paulo.

```
                    ┌─────────────────────┐
                    │  Gabinete da Reitora │
                    └──────────┬──────────┘
  ┌───────────────────────┐    │
  │ Gabinete do Vice-Reitor├───┤
  └───────────────────────┘    │
                    ┌──────────┴────────────────────┐
                    │ Coordenadoria de Administração-geral │
                    │            (Codage)            │
                    └──────────┬────────────────────┘
  ┌────────────────────────────┴──┬──────────────────────────┐
  │ Departamento de Recursos Humanos │   Relações de Trabalho   │
  └───────────────────────────────┘  └──────────┬───────────────┘
                                                │
                                   ┌────────────┴──────────────┐
                                   │        RH – Responde       │
                                   └────────────────────────────┘
                                   ┌────────────────────────────┐
                                   │   Orientações Trabalhistas │
                                   └────────────────────────────┘
                                   ┌────────────────────────────┐
                                   │ Relações Sindicais e Associativas │
                                   └────────────────────────────┘
                                   ┌────────────────────────────┐
                                   │       Ações Judiciais      │
                                   │  (Contencioso Trabalhista) │
                                   └────────────────────────────┘
```

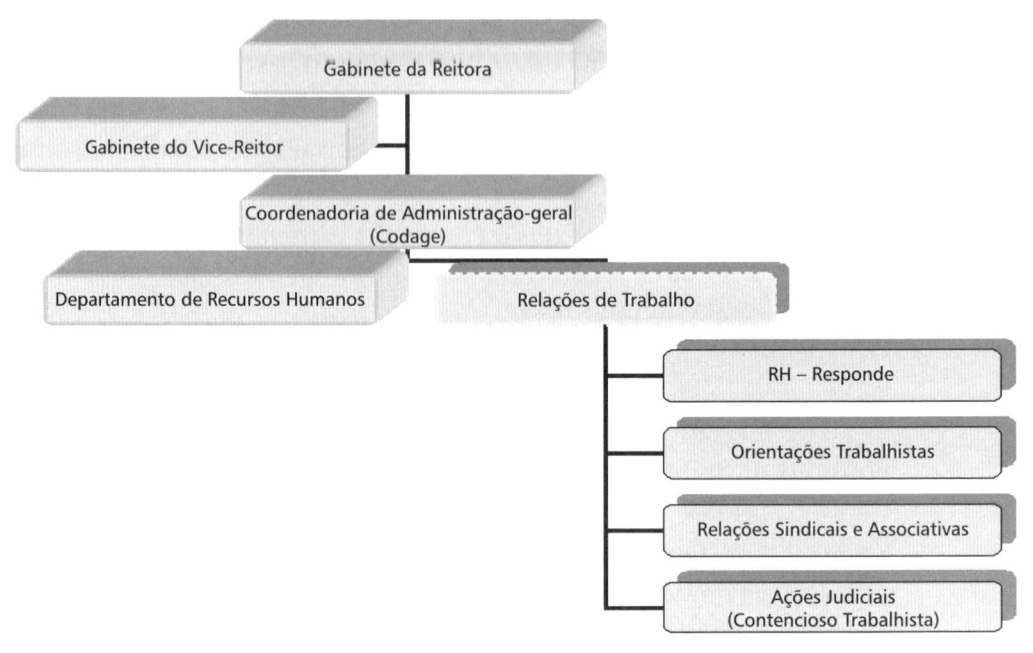

Figura 8.2 *Área de relações de trabalho – USP: proposta de organograma.*

Essa nova área, por se posicionar como grande mediadora dos conflitos de trabalho, deverá, como primeira tarefa, propor um plano de médio prazo para o setor, buscando manter o controle sobre as necessidades pessoais e coletivas dos servidores, além da responsabilidade de manter um clima organizacional favorável às negociações.

Importante ressaltar que essa proposta não tem como estratégia evitar a sindicalização e os sindicatos dos servidores da USP, muito embora possa advir algum desdobramento nesse sentido. Objetivamente, a ideia é valorizar as relações de trabalho dentro da universidade e, conforme Milkovich e Boudreau (2000), "criar um clima no qual todos os empregados possam desempenhar suas funções com o melhor de suas habilidades e contribuir criativamente para a organização".

O que se espera dessa área de Relações de Trabalho será a busca de solução ágil e adequada das questões trabalhistas, para que se evite o contencioso administrativo ou judicial entre a universidade, seus servidores e os sindicatos, o que pode redundar em prejuízos tanto no desempenho das atividades de ensino e pesquisa quanto no equilíbrio da peça orçamentária.

É fundamental reforçar o papel estratégico dessa proposta, no que tange ao trabalho de assessoria da área, que além de contribuir com a democratização das relações de trabalho na Universidade de São Paulo exigirá uma grande mudança de comportamento e de paradigmas na busca da qualidade e da eficiência do serviço público.

Dessa forma, estamos convictos que a Universidade de São Paulo avançará com uma administração autônoma e democrática, com o apoio de um recursos humanos estratégico e valorizando seus servidores, permitindo o exercício pleno dos direitos de cidadania e comprometido na resolução dos conflitos oriundos das relações de trabalho.

8.6 Considerações finais

Este capítulo apresentou os motivos que sustentam a importância do estudo sobre as relações de trabalho no setor público com foco na Universidade de São Paulo. Manifestou-se a intenção de realizar um diagnóstico da situação das relações de trabalho na universidade com a elaboração de uma proposta para uma nova abordagem na gestão de pessoas. Esta proposta, no essencial, pretende abrir um novo canal de comunicação para a gestão dessas relações, marcadas por conflitos recorrentes e aparentemente sem solução.

No plano mais geral, empreendeu-se um resgate sucinto dos princípios que regem a administração pública e os seus efeitos sobre as relações de trabalho no setor público, especialmente nos contratos de trabalho, nas formas de ingresso no serviço público, no processo de demissão e na terceirização do trabalho público.

Foi analisada a questão da organização sindical no setor público, garantida pela Constituição de 1988, porém, sem definição de um modelo. Houve a permissão constitucional para os servidores criarem sindicatos, bem como lhes foi concedido o direito de greve, sem que obtivessem as mesmas garantias asseguradas ao setor privado, como o direito de negociação coletiva, por exemplo. Predominam, assim, as prerrogativas e aplicação das normas do direito administrativo e dos estatutos em vigência.

Constatou-se que não existe na estrutura organizacional da USP uma área que trate do relacionamento entre a administração e os servidores docentes e não docentes, ou mesmo com os sindicatos. Não há uma instância formal que trate da comunicação, da cooperação, das condições do ambiente de trabalho, disciplina, conflitos e dúvidas decorrentes das relações de trabalho, garantindo justiça e imparcialidade nas relações de trabalho.

Por isso, se propôs a criação orgânica de uma área de Relações de Trabalho, estrategicamente posicionada em nível de assessoria entre a Coordenadoria de Administração-geral da USP (Codage) e o Departamento de Recursos Humanos (DRH).

Importante destacar que a implementação dessa área não teria como objetivo evitar o conflito inerente à relação de trabalho no sistema capitalista e nem cooptar os servidores no sentido de desacreditarem das suas legítimas associações e organizações sindicais. A ideia central é criar um canal de relacionamento baseado no respeito e na serenidade para manter um ambiente profissional no trato das relações de trabalho e das demandas e dúvidas existentes. O objetivo principal consistiu em desenvolver com equidade e justiça nas funções públicas, promovendo as competências individuais e organizacionais necessárias para que a Universidade de São Paulo cumpra a sua missão.

O fundamental nesta proposta é criar condições para a democratização das relações de trabalho na Universidade de São Paulo. Uma mudança de comportamento e de paradigmas. A estrutura proposta representa um canal de participação e encaminhamento dos conflitos cotidianos do trabalho, permitindo novas práticas de relacionamento dentro dos preceitos constitucionais de cidadania e democracia que devem nortear a ação pública e do Estado em qualquer nível de gestão.

Referências

ALBUQUERQUE, L. G. A gestão estratégica de recursos humanos. In: FLEURY, MTL. *As pessoas na organização*. São Paulo: Gente, 2002.

CHIAVENATO, Idalberto. *Recursos humanos*. Edição Compacta. São Paulo: Atlas, 2002.

DALLARI, Adilson Abreu. *Regime constitucional dos servidores públicos*. São Paulo: Revista dos Tribunais, 1990.

_____. *Sindicalismo no setor público*. Associação Sindical dos Servidores Públicos. Fundação do Desenvolvimento Administrativo – FUNDAP. São Paulo, 1993.

DI PIETRO, Maria Sylvia Zanella. *Direito administrativo*. São Paulo: Atlas, 1999.

MARRAS, Jean Pierre. *Relações trabalhistas no Brasil*. São Paulo: Futura, 2001.

MARTINS, Sergio Pinto. *A terceirização e o direito do trabalho*. São Paulo: Malheiros, 1995.

MEIRELLES, Hely Lopes. *Direito administrativo brasileiro*. São Paulo: Malheiros, 1993.

MILKOVICH, George T.; BOUDREAU, John. *Administração de recursos humanos*. Tradução de Reynaldo C. Marcondes. São Paulo: Atlas, 2000.

NOGUEIRA, Arnaldo José França Mazzei. Desafios das relações de trabalho no setor público brasileiro. São Paulo, *Jornal USP*, maio 1999.

_____. *As pessoas na organização*: gestão estratégica das relações de trabalho. São Paulo: Gente, 2002.

_____. *Sindicalismo no setor público*: a emergência do sindicalismo no setor público. São Paulo: Fundação do Desenvolvimento Administrativo – Fundap, 1993.

NOGUEIRA, Arnaldo José França Mazze. *Mudança nas leis trabalhistas é uma constante nos países da América Latina*. Portal da Fundação Instituto de Administração – FIA. São Paulo, 2003.

_____. Competências em relações de trabalho. In: DUTRA, Joel Souza; FLEURY, Maria Tereza Leme; RUAS, Roberto Lima (Org.). *Competências*. São Paulo: Atlas, 2008.

PESSOA, Robertonio Santos. *Sindicalismo no setor público*. São Paulo: LTr, 1995.

ROMITA, Arion Sayão. *Sindicalismo, economia e estado democrático*. São Paulo: LTr, 1993.

RODRIGUES, Iram Jácome. *O novo sindicalismo*: vinte anos depois. Petrópolis: Vozes, 1999.

SANTOS, Alvacir Correa. *Princípio da eficiência da administração pública*. São Paulo: LTr, 2003.

SILVA, José Afonso da. *Curso de direito constitucional positivo*. São Paulo: Malheiros, 2003.

ZYLBERSTAJN, Hélio; PASTORE, J. *Administração do conflito trabalhista no Brasil*. São Paulo: IPE/USP, 1988.

Formato	17 x 24 cm
Tipografia	Charter 11/13
Papel	Offset Sun Paper 90 g/m² (miolo)
	Supremo 250 g/m² (capa)
Número de páginas	168

Pré-impressão, impressão e acabamento

GRÁFICA SANTUÁRIO

grafica@editorasantuario.com.br
www.editorasantuario.com.br

Aparecida-SP

Sim. Quero fazer parte do banco de dados seletivo da Editora Atlas para receber informações sobre lançamentos na(s) área(s) de meu interesse.

Nome: _____
_____ CPF: _____ Sexo: ○ Masc. ○ Fem.
Data de Nascimento: _____ Est. Civil: ○ Solteiro ○ Casado

End. Residencial: _____
Cidade: _____ CEP: _____
Tel. Res.: _____ Fax: _____ E-mail: _____

End. Comercial: _____
Cidade: _____ CEP: _____
Tel. Com.: _____ Fax: _____ E-mail: _____

De que forma tomou conhecimento deste livro?
☐ Jornal ☐ Revista ☐ Internet ☐ Rádio ☐ TV ☐ Mala Direta
☐ Indicação de Professores ☐ Outros: _____

Remeter correspondência para o endereço: ○ Residencial   ○ Comercial

Indique sua(s) área(s) de interesse:

- ○ Administração Geral / Management
- ○ Produção / Logística / Materiais
- ○ Recursos Humanos
- ○ Estratégia Empresarial
- ○ Marketing / Vendas / Propaganda
- ○ Qualidade
- ○ Teoria das Organizações
- ○ Turismo
- ○ Contabilidade
- ○ Finanças
- ○ Economia
- ○ Comércio Exterior
- ○ Matemática / Estatística / P. O.
- ○ Informática / T. I.
- ○ Educação
- ○ Línguas / Literatura
- ○ Sociologia / Psicologia / Antropologia
- ○ Comunicação Empresarial
- ○ Direito
- ○ Segurança do Trabalho

Comentários

_____
_____
_____

ISR-40-2373/83

U.P.A.C Bom Retiro

DR / São Paulo

CARTA - RESPOSTA
Não é necessário selar

O selo será pago por:

editora atlas

01216-999 - São Paulo - SP

REMETENTE:
ENDEREÇO: